A cada plato su vino

Isabel Sampere Sánchez

A CADA PLATO SU VINO

EDITORIAL DE VECCHI

A pesar de haber puesto el máximo cuidado en la redacción de esta obra, el autor o el editor no pueden en modo alguno responsabilizarse por las informaciones (fórmulas, recetas, técnicas, etc.) vertidas en el texto. Se aconseja, en el caso de problemas específicos —a menudo únicos— de cada lector en particular, que se consulte con una persona cualificada para obtener las informaciones más completas, más exactas y lo más actualizadas posible. EDITORIAL DE VECCHI, S. A. U.

Quiero expresar mi agradecimiento a Ramón Martínez Martos, por todo.

Fotografías del interior de ©Studio Novak («Risotto de Michele», «Arroz con tomates verdes y jamón cocido», «Pizza al estilo mediterráneo», «Pollo en chaud-froid», «Pollo con especias», «Codornices rellenas de castañas», «Escalopes marinados», «Asado relleno al vino tinto» y «Pescado al curry con piña»), ©Firo Foto («Crepes de chocolate y mermelada», «Gallo al vino» y «Croquetas de arroz y roquefort») y ©R. Marcialis - Firo Foto («Langostinos con caldo», «Ostras a la Mornay», «Filete de corzo con salsa» y «Faisán con uvas y salsa»).

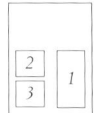

Fotografías de la cubierta de © R. Marcialis - Firo Foto (1) y archivo DVE (2 y 3).

Dibujos del interior de Juan Castaño Núñez, excepto los de las páginas 13, 18, 28, 30, 31 y 34 (archivo DVE).

© Editorial De Vecchi, S. A. U. 2002
Consell de Cent, 357. 08007 BARCELONA
Depósito Legal: B. 32.071-2002
ISBN: 84-315-2885-0

El Código Penal vigente dispone: «Será castigado con la pena de prisión de seis meses a dos años o de multa de seis a veinticuatro meses quien, con ánimo de lucro y en perjuicio de tercero, reproduzca, plagie, distribuya o comunique públicamente, en todo o en parte, una obra literaria, artística o científica, o su transformación, interpretación o ejecución artística fijada en cualquier tipo de soporte o comunicada a través de cualquier medio, sin la autorización de los titulares de los correspondientes derechos de propiedad intelectual o de sus cesionarios. La misma pena se impondrá a quien intencionadamente importe, exporte o almacene ejemplares de dichas obras o producciones o ejecuciones sin la referida autorización». (Artículo 270)

Índice

Introducción	9
CUESTIONES GENERALES	
Elaboración del vino	13
Proceso de vinificación	17
Los vinos blancos	19
Los vinos tintos	20
Vinificaciones especiales	21
La crianza y el envejecimiento del vino	23
Tipos de vino	24
Cómo servir el vino	27
Temperatura	27
Tipos de copas que hay que utilizar	29
El descorche	30
La decantación	32
Otras normas del servicio del vino	32
La cata del vino	33
Terminología de la cata	35
El vino y la salud	37
Vinos con Denominación de Origen en ESPAÑA	39
D.O. Abona	39
D.O. Alella	40
D.O. Alicante	41
D.O. Almansa	41
D.O. Ampurdán - Costa Brava	42
D.O. El Bierzo	42

A CADA PLATO SU VINO

D.O. Binissalem - Mallorca.	43
D.O. Bullas.	43
D.O. Calatayud.	44
D.O. Campo de Borja.	45
D.O. Cariñena.	45
D.O. Cava.	46
D.O. Cigales.	47
D.O. Conca de Barberà.	47
D.O. Condado de Huelva.	48
D.O. Costers del Segre.	48
D.O. El Hierro.	49
D.O. Jerez - Xérès - Sherry y Manzanilla de Sanlúcar de Barrameda.	49
D.O. Jumilla.	50
D.O. Lanzarote.	51
D.O. Málaga.	51
D.O. La Mancha.	52
D.O. Méntrida.	52
D.O. Mondéjar.	53
D.O. Monterrei.	53
D.O. Montilla - Moriles.	54
D.O. Navarra.	55
D.O. La Palma.	56
D.O. Penedès.	57
D.O. Plà de Bages.	57
D.O. Priorato.	58
D.O. Rías Baixas.	58
D.O. Ribeira Sacra.	59
D.O. Ribeiro.	60
D.O. Ribera del Duero.	60
D.O. Ribera del Guadiana.	61
D.O. Rioja.	62
D.O. Rueda.	63
D.O. Somontano.	63
D.O. Taroconte-Acentejo.	64
D.O. Tarragona.	65
D.O. Terra Alta.	66
D.O. Toro.	66
D.O. Txacolí de Bizkaia - Bizkaiko-Txakolina.	67
D.O. Txacolí de Getaria - Getariako-Txakolina.	67
D.O. Utiel-Requena.	68
D.O. Valdeorras.	69
D.O. Valdepeñas.	69
D.O. Valencia.	70
D.O. Valle de Güimar.	71
D.O. Valle de La Orotava.	72
D.O. Vinos de Madrid.	72

ÍNDICE

D.O. Ycoden - Daute - Isora 74
D.O. Yecla 74

LOS VINOS MÁS ADECUADOS PARA CADA PLATO

Normas generales 79

Aperitivos y entremeses 83
Combinaciones 84

Sopas y cremas 87
Combinaciones 88

Ensaladas y verduras 89
Combinaciones 90

Pastas, arroces y legumbres 91
Combinaciones 94

Carnes y volatería 95
Combinaciones 98

Pescados y mariscos 99
Combinaciones 101

Quesos 103
Combinaciones 105

Postres 107
Combinaciones 108

ANEXOS

Calificación de las añadas de los vinos españoles 111

Resumen de combinaciones 113

Direcciones de interés en internet 115

Glosario 117

Introducción

El vino es una bebida exquisita que ve potenciados los matices de su sabor cuando acompaña a otra fuente de placer: la comida.

Este libro pretende ayudar a combinar ambos elementos de una forma armoniosa; partiendo del precepto de que, sin lugar a dudas, el vino más adecuado será el que más guste al comensal, no hay que olvidar sin embargo una serie de pautas contrastadas por la experiencia de muchos a la hora de combinar vinos y platos.

Así, en primer lugar, es necesario examinar el origen y el proceso de elaboración de los caldos, tarea fundamental para comprender de dónde nacen el carácter y las cualidades del vino.

A continuación, se establece un recorrido por las distintas regiones vinícolas de España, país de excelentes vinos.

Finalmente, se centra la atención en las pautas, orientaciones y sugerencias sobre la acertada combinación de vinos y platos concretos de la gastronomía.

En definitiva, el lector encontrará en esta obra los conocimientos indispensables para poder elegir el vino más adecuado para cada ocasión, sin miedo a equivocarse y con la garantía de un acierto seguro.

CUESTIONES GENERALES

Elaboración del vino

La vid, originaria de Asia, es un arbusto del género *Vitis*, cuyo cultivo en el mundo se ubica en ambos hemisferios, entre los paralelos 30° y 50°.

El fruto de la vid, la uva, crece en forma de racimo, y se divide en dos partes: el raspón, conocido también como *raspa* o *escobajo* (es la parte leñosa que configura el armazón del racimo), y los granos de uva, formados, a su vez, por la piel u hollejo (aporta color y aroma al vino), las pepitas o semillas (proporcionan los taninos, sustancias astringentes que otorgan carácter al vino y permiten su conservación) y la pulpa (contiene el jugo o mosto).

El ciclo vegetativo de la uva se divide en tres periodos:

— periodo herbáceo, que abarca desde que se forman las uvas hasta el momento en que empiezan a cambiar de color;
— periodo traslúcido, durante el cual el grano engorda y cambia de color, desaparece la clorofila que lo coloreaba y aparecen los pigmentos de los hollejos (envero);
— periodo de maduración, en el cual la uva engorda, forma los taninos, acumula azúcares y pierde acidez hasta alcanzar el momento óptimo de maduración, en el que se inicia su recolección.

Además del factor humano, hay otros factores que intervienen en la calidad de un vino. Así, por ejemplo, antes de la vinificación (o transformación del mosto de la uva en vino), resultan determinantes las condiciones del suelo, la elección de la cepa y el clima.

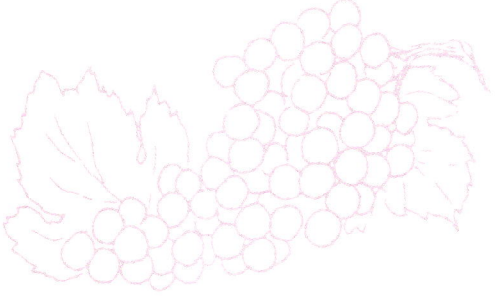

EL MOSTO

El mosto es un líquido espeso compuesto por un 80 % de agua y un 15-20 % de azúcares (glucosa y fructosa) y ácidos libres (málico y tartárico).

En ocasiones, las raíces de la vid alcanzan los diez metros de profundidad. Los mejores suelos para cultivarla son los blancos, con poca materia orgánica y una composición mineralógica rica en fósforo y potasio (es decir, los suelos calizos y arenosos). En contraposición, los suelos arcillosos son los menos adecuados para el cultivo de esta planta.

Una inclinación apropiada, como la que ofrecen las laderas o los terrenos alomados, resulta fundamental, porque evita el exceso de humedad y permite tanto el drenaje de las aguas como una mayor insolación y aireación de las raíces.

La orientación de los viñedos es otro de los factores que influyen en el producto final, que es el vino. Los mejores suelos son los expuestos al sur y al sureste, en detrimento de la orientación norte —desaconsejable por sombría— y las orientaciones este y nordeste —por las notables variaciones de temperatura que sufren a la salida del sol.

La variedad de cepa cultivada determina las características del producto final hasta el punto de condicionar la elaboración de vinos diferentes en viñedos cultivados en los mismos suelos y con las mismas condiciones climáticas.

Existen distintos tipos de uva que se adaptan a los diferentes climas y suelos. De todas formas, las regiones más adecuadas para el cultivo de la vid son las de clima templado, con veranos largos e inviernos no muy rigurosos: por lo general, el clima mediterráneo resulta muy apropiado, por sus veranos con abundantes horas de sol, sus lluvias moderadas y sus otoños secos (un frío demasiado intenso en invierno, las heladas tardías, un mes de junio lluvioso, el granizo o un calor excesivo causarían estragos en el viñedo).

En resumen, las condiciones geoclimáticas determinan el éxito del cultivo de la vid, así como las particularidades y características de los caldos elaborados en las distintas regiones de cultivo.

PRINCIPALES CEPAS AUTÓCTONAS Y EXTRANJERAS CULTIVADAS EN ESPAÑA

Variedad	Tipo	Zona	Origen	Características
Airén	blanca	Valdepeñas y La Mancha	autóctona	vinos de color pálido, con aromas afrutados, de sabor suave y agradable
Albariño	blanca	costa atlántica gallega	autóctona	vinos equilibrados, de tacto graso y sabor aterciopelado y persistente

(continuación)

Variedad	Tipo	Zona	Origen	Características
Bobal	tinto	Levante; Utiel-Requena	autóctona	de intenso color y aroma fresco, produce buenos vinos rosados
Cabernet Sauvignon	tinto	Penedés, Navarra y Ribera del Duero	Burdeos	ideal para vinos de crianza; color intenso, vigorosos taninos y aroma de violetas
Cariñena	tinto	Aragón, Cataluña y La Rioja	autóctona	color intenso y abundancia de taninos
Chardonnay	blanca	Cataluña, Navarra y Aragón	Borgoña	ligero aroma ahumado y paladar graso
Garnacha	tinto	litoral mediterráneo (de Gerona a Alicante), Aragón y La Rioja	autóctona	es la variedad más extendida por su fácil cultivo y buena producción. Ácida, de gran riqueza alcohólica, muy adecuada para rosados
Gewürztraminer	blanca	Somontano y Penedés	Alsacia y Alemania	sabor especiado y toque picante
Godello	blanca	Valdeorras (Orense)	autóctona	acidez equilibrada y sabor agridulce
Hondarri zuri	blanca	Getaria (Guipúzcoa) y Vizcaya	autóctona	característica acidez y aromas cítricos
Lado	blanca	en la D.O. Ribeiro	autóctona	aporta ligereza y potencia aromática; notable acidez
Loureiro	blanca	Galicia	autóctona	redondea los vinos y añade complejidad; es una uva muy aromática
Macabeo-Viura	blanca	Cataluña, La Rioja, Navarra y Aragón	autóctona	equilibrada en acidez y azúcar, de color pálido, intenso aroma y un paladar con notas astringentes

(continuación)

Variedad	Tipo	Zona	Origen	Características
Malvasía	blanca	Valencia, Aragón y Canarias	autóctona	color amarillo dorado y aroma peculiar; dulzor y perfumado paladar (se utiliza para vinos de postres)
Mencía	tinto	noroeste peninsular	autóctona	proporciona vinos de buqué inconfundible y tacto aterciopelado
Merlot	tinto	Navarra y Cataluña	Francia	produce vinos aterciopelados y de cálida suavidad
Monastrell	tinto	Jumilla, Yecla, Alicante y Almansa	autóctona	resiste sequías y heladas extremas; tiene un gran aroma y sabor
Moscatel	blanco	Valencia, Alicante, Málaga y Canarias	autóctona	por su alto contenido en azúcar, se emplea sobre todo en la elaboración de vinos dulces; su aroma recuerda las pasas
Palomino	blanco	Jerez, Orense, León y Valladolid	autóctona	sabor fresco, con matices salinos y almendrados
Parellada	blanco	zonas altas de Cataluña	autóctona	es la uva más difícil de elaborar, porque es la más fina; aporta finura, elegancia y armonía a los cavas
Pedro ximénez	blanco	Córdoba y Málaga	autóctona	es la reina en la elaboración de vinos dulces, de sabor muy concentrado, tostado y suave
Pinot Noir	tinto	Cataluña	Borgoña y Champagne	su piel violácea es muy colorante
Riesling	blanca	Cataluña	Alsacia, Mosela y Rin	produce vinos secos, afrutados, frescos y florales

Croquetas de arroz y roquefort

200 g de arroz - 100 g de miga de pan - 20 cl de leche - 100 g de roquefort - 1 huevo - 12 cucharadas soperas de pan rallado - aceite de oliva virgen - sal y pimienta
Para la ensalada: 1 puñado de canónigos - 2 cucharadas soperas de aceite de oliva - 2 cucharadas soperas de vinagre de sidra - 8 nueces peladas - 1 lata de espárragos

Se hierve el arroz durante 15 minutos en agua con sal y unas gotas de aceite; se escurre, y se deja enfriar. Mientras, se remoja la miga de pan en la leche durante 20 minutos, y transcurrido este tiempo se escurre bien con la mano. Se vierte el arroz tibio en una ensaladera, y se le añade el roquefort desmenuzado, el huevo batido, la miga de pan, sal y pimienta. Se mezcla todo bien y, con las manos, se preparan unas bolitas, que deberán pasarse por pan rallado. Se doran las croquetas en la sartén con aceite de oliva a fuego fuerte, y se colocan en una bandeja con papel absorbente; finalmente, se sirven en platos individuales con la ensalada de canónigos, espárragos y nueces aliñada al gusto con el aceite de oliva y el vinagre.

Risotto de Michele

300 g de arroz - 1/2 cebolla - 1/2 l de caldo de carne - 1 vaso de vino blanco - 2 calabacines pequeños - 100 g de jamón serrano - 1 tomate pequeño - 1 bolsita de queso rallado - parmesano rallado - 2 lonchas de queso - sal - pimienta - aceite de oliva virgen

Se sofríe la cebolla cortada en láminas finas en un poco de aceite de oliva virgen, y se incorporan los calabacines en rodajas. Aparte, se saltea en una sartén con unas gotas de aceite el jamón cortado en tiras, y se agrega a la cazuela de la cebolla y los calabacines. Se incorpora el arroz, se deja unos segundos para que coja sabor y se agrega el vino y el caldo; se deja que cueza durante 20 minutos, removiendo con frecuencia. Finalmente, se salpimenta y se añade el queso rallado y el parmesano; se adorna con el tomate cortado en rodajas y las lonchas de queso, y se sirve.

Arroz con tomates verdes y jamón cocido

350 g de arroz - 1 cebolla - 10 tomates verdes - 50 g de mantequilla - 1/2 vaso de vino blanco seco - 1 cucharada de perejil picado - 150 g de jamón cocido en una única loncha - 3 cucharadas de parmesano rallado - caldo vegetal - sal - pimienta blanca

Se pica la cebolla muy finamente, y se dora en una cacerola con la mantequilla. A continuación, se añade el jamón cortado en dados pequeños y se deja unos minutos a fuego lento para que coja color. Se incorporan los tomates cortados en trocitos y, una vez que han transcurrido unos minutos, se añade el arroz y se deja que se tueste durante 1 minuto, sin dejar de remover; luego se riega con el vino blanco y, cuando este se haya evaporado, se deja todo al fuego 15 minutos más, añadiendo poco a poco el caldo vegetal hirviendo. Se salpimenta al gusto, y se espolvorea sobre el arroz el perejil y el queso rallado antes de servir.

PIZZA AL ESTILO MEDITERRÁNEO

1 paquete de masa de pizza congelada - 1 berenjena - 1 calabacín - 1 pimiento rojo - 2 tomates bien maduros - 1 cebolla - 10 olivas negras - mejorana - albahaca - aceite de oliva - sal - pimienta

Se descongela la masa y se extiende en una lámina; se coloca en una bandeja de horno ligeramente untada con aceite. Mientras, se lavan y se trocean las verduras (la cebolla se pica fina; los calabacines y las berenjenas se cortan en dados), y se saltean en una sartén con aceite hasta que están tiernas; se salpimentan y se reservan. Se cortan en rodajas los tomates, y se colocan en el centro de la masa; se salpimentan, se salpican con unas gotas de aceite y se vierten las verduras salteadas por encima; se espolvorea con mejorana y albahaca, se decora con las aceitunas y se introduce la pizza en el horno previamente calentado a 200 °C; se deja 20 minutos y se sirve.

(continuación)

Variedad	Tipo	Zona	Origen	Características
Sauvignon Blanc	blanco	en la D.O. Rueda	Burdeos	se caracteriza por aromas frescos a flores silvestres y un paladar ligero y perfumado
Syrah	tinto	meseta inferior, Murcia y Cataluña	Ródano y Australia	sus vinos tienen un aroma a violeta
Tempranillo	tinto	La Rioja, Ribera del Duero, La Mancha y Cataluña	autóctona	es la uva tinta española por excelencia; su sabor es muy afrutado, y produce vinos de moderada acidez y gran finura, aptos para la crianza en roble
Treixadura	blanca	Galicia	autóctona	proporciona buenas graduaciones alcohólicas; tiene una producción muy pequeña
Verdejo	blanca	Rueda y franja del Duero	autóctona	proporciona vinos con aromas florales persistentes
Xarel·lo	blanca	Cataluña	autóctona	añade cuerpo y estructura al cava

Proceso de vinificación

La vinificación es la transformación del mosto en vino. La fermentación alcohólica (transformación en alcohol de los azúcares contenidos en la uva por la acción de las enzimas procedentes de las levaduras) constituye la fase principal de este proceso. Se trata de un fenómeno natural que el hombre ha aprendido a dominar fundándose, en primer lugar, en la experiencia y, después, en los avances científicos.

Las levaduras, adheridas a la piel de la uva mediante una capa cerosa denominada *pruina*, fermentan eficazmente entre los 10 y los 32 °C de temperatura. Las del género *Sacharomyces* se encargan de la parte más importante del proceso, que finaliza cuando ya se han desdoblado prácticamente todos los azúcares y cesa la ebullición. Este momento se determina en las bodegas gracias a la ayuda de los pesamostos o densímetros.

Para los vinos blancos, la temperatura ideal de fermentación debe oscilar entre los 18 y los 20 °C, mientras que los vinos tintos y rosados necesitan temperaturas más altas, siempre y cuando no superen los 34 °C, ya que esto implicaría la paralización de la acción de las levaduras, es decir, el bloqueo del proceso de fermentación.

Durante la fermentación se produce aproximadamente un grado alcohólico por cada 17 gramos de azúcar contenidos en el mosto. En este proceso se genera también anhídrido carbónico en estado gaseoso, lo cual provoca el burbujeo, la ebullición y el aroma característicos de una cuba de mosto en fermentación.

La materia prima del vino, la uva, está constituida por distintos elementos (raspón, hollejo, pulpa y pepita), de cuyas características depende la calidad y el carácter del vino.

El raspón está compuesto por un 78-80 % de agua, un 9-14 % de materias leñosas, un 2-3 % de materias inorgánicas, un 1-2 % de sustancias ácidas y nitrogenadas y un 2-3 % de tanino, elemento que, disuelto en el líquido durante la fermentación, gracias a su fácil oxidación, contribuye notablemente al envejecimiento y la maduración del vino.

La piel (u hollejo) de la uva determinará en gran parte el color del vino, ya que en ella se encuentran distintos pigmentos que se liberan durante la fermentación. A medida que va apareciendo el alcohol, los pigmentos irán coloreando el jugo, llegando a un punto máximo de coloración al cabo de unos días, después del cual irá disminuyendo. Por ello, no sólo el color de la uva determina el color del vino, sino también el tiempo en que se deja el mosto y la piel juntos. En el hollejo también se hallan sustancias aromáticas naturales que contribuyen a dar sabor al vino, y en la parte exterior de la piel se encuentra la pruina, muy importante porque aporta las levaduras que desencadenan el proceso de fermentación.

Elaboración del vino

La pulpa, que representa un 82 % del peso total de la uva, está formada por un 70-80 % de agua y un 18-30 % de sustancias azucaradas (principalmente glucosa y fructosa); el resto lo constituyen los ácidos orgánicos (málico y tartárico), que se encuentran en una proporción de un 0,5 %. La riqueza en sustancias azucaradas depende de la cepa, el suelo y el clima (tanto el de la región como el del año en cuestión). Así, por ejemplo, en los años en los que la insolación en verano ha sido defectuosa o ha llovido en exceso, los granos de uva no tienen una cantidad de azúcares suficiente para obtener a partir de ellos un vino equilibrado.

La composición de las pepitas suele ser de un 10-12 % de aceite, un 5-8 % de tanino y un 36-40 % de agua. Es muy importante que no se rompan durante el pisado o el prensado, porque las sustancias oleaginosas que contienen estropearían el vino. En la elaboración del vino blanco han de eliminarse previamente las pepitas, porque si no le proporcionarían un tono marronáceo que se acentuaría al entrar en contacto el vino con el aire.

El primer paso del proceso de vinificación es la vendimia o recolección de la uva cuando está en su momento óptimo de maduración. Suele realizarse durante el mes de septiembre y la primera mitad de octubre.

Los racimos se han de vendimiar en el momento justo de maduración. A continuación, se transporta la uva recolectada a la bodega de la forma menos agresiva posible y en los recipientes adecuados con el fin de que el grano no se recaliente u oprima y empiece a fermentar antes de tiempo. La *tolva* es el recipiente en forma de pirámide invertida y abierta por abajo dentro del cual se deposita la uva para que caiga en la estrujadora.

Una vez que la uva se encuentra ya en el lagar, se procede a la obtención del mosto mediante la separación de la pulpa del hollejo y el raspón. Se trata del estrujado, operación básica para la obtención del vino. Mientras el mosto está en el interior del grano de uva no fermenta, por lo que las uvas se secarán o pudrirán, pero no darán vino. Antiguamente, el pisado de la uva se realizaba de forma natural, es decir, con los pies descalzos o con alpargatas de esparto. Este método proporciona un pisado perfecto (la uva queda completamente chafada y las pepitas y el raspón permanecen enteros), pero ha caído en desuso por su alto coste económico (sólo se mantiene en casos especiales, como algunos finos, el oporto o el jerez, destinados a la obtención de vinos muy caros). Lo normal es el empleo de estrujadoras y pisadoras mecánicas en las que la uva es aplastada por la fuerza centrífuga al chocar contra las paredes y que logran el mismo objetivo: obtener el mosto sin machacar las pepitas y los raspones, de sabor áspero, amargo y desagradable.

La primera diferenciación entre blancos y tintos, en esta fase, es que el mosto de estos últimos fermenta en contacto con el hollejo para tomar el color, mientras que en los blancos el mosto obtenido tras el pisado debe ser prensado lo más rápidamente posible para desprenderse de las materias colorantes del hollejo.

Los vinos blancos

En la vinificación de blancos, como se ha apuntado anteriormente, la piel es separada desde el principio del proceso y el mosto se deja fermentar solo. La cali-

dad de estos vinos depende también del prensado. Cuanto más enérgico sea, menor calidad. Para los vinos blancos extras sólo se utiliza el líquido recogido en la primera presión.

Tras el prensado sin hollejos, se procede al desfangado, que consiste en dejar reposar el mosto durante 12-14 horas para que las partículas sólidas se depositen en el fondo y obtener así un mosto limpio, con el máximo de finura y el mínimo de color.

Una vez en la cuba, limpia y sulfatada, el mosto fermenta por la acción de las sarcomices (levaduras naturales adheridas a la piel de la uva).

La cantidad de azúcar que queda en el mosto determina la distinción entre blancos secos (menos de 5 g/l), semisecos (15-30 g/l) y dulces (más de 50 g/l).

A continuación, se procede a los trasiegos o cambios de depósito para dejar los restos sólidos en los recipientes mediante el sistema del decantado.

Una operación que se lleva a cabo antes del embotellado, y que también sirve para conseguir un tono brillante y limpio, es la clarificación. Se trata de añadir productos en el mosto que tienen la propiedad de arrastrar con ellos las partículas sólidas que enturbian el vino.

Otra forma de eliminar estos restos que enturbian el vino es mediante el filtrado, haciéndolo pasar a través de un material poroso o una membrana que retiene los sedimentos; suele utilizarse como complemento de la clarificación. La operación de filtrado resulta muy adecuada para los vinos blancos, pero no es imprescindible en los tintos.

Tras el filtrado, el vino ya está listo para ser embotellado. Al igual que ocurre con la fermentación, la conservación de los vinos blancos debe llevarse a cabo a una temperatura inferior a la precisada para los vinos tintos o rosados; sólo así se logrará que las sustancias que están en disolución se precipiten y pueda obtenerse un vino bien claro.

Los vinos blancos secos se embotellan mucho antes que los dulces. Un año escaso basta para clarificarlos; además, estos vinos suelen apreciarse por su aroma fresco de uva y por su sabor afrutado. Los vinos dulces, en cambio, necesitan más tiempo tanto para ser embotellados como para adquirir buqué (esto no se logra hasta que no han transcurrido varios años de conservación en botella).

Los vinos tintos

En la elaboración de vinos tintos, tras el estrujado, se realiza el despalillado, operación por la cual se separa el grano del raspón para evitar posteriores sabores herbáceos y amargos.

La diferencia esencial, en el proceso de fabricación, entre los vinos blancos y los tintos es que para la elaboración de estos últimos la piel de la uva se deja con el mosto durante la fermentación, hasta el final (es decir, de 9 a 14 días). Pasadas unas 24 horas desde la introducción en la cuba del mosto y los hollejos, estos flotan sobre el líquido formando una masa denominada *sombrero*, que hay que remojar con el mosto para activar la extracción del color (remontado).

A continuación, debe realizarse el descube, es decir, la separación de la parte líquida (flor del vino) de la sólida. Se produce una segunda fermentación, la *maloláctica*, que transforma el ácido málico en láctico desacidificando el vino, proporcionándole finura y suavidad.

Una vez instalado en toneles de roble, el vino empieza su proceso de envejecimiento, que en la primera etapa permitirá su esclarecimiento y el final de la tan importante fermentación maloláctica. Diversos elementos en suspensión irán cayendo al fondo gracias a la presencia de oxígeno. Sin oxígeno, el vino no podría madurar; por ello se hacen imprescindibles las cubas de madera que permiten la respiración del precioso líquido.

Cuando se ha comprobado que la fermentación maloláctica ha terminado, será conveniente un último trasiego y filtrado para eliminar las bacterias que han sido buenas para eliminar el ácido, pero que de seguir presentes malograrían el vino. Finalmente, el vino estará dispuesto para la crianza.

Durante la crianza, el tinto va afinándose, adoptando un color menos violeta y más rojo, y perdiendo su aroma afrutado. Todavía durante este periodo los vinos se habrán de ir trasegando, para eliminar las materias sólidas que se irán precipitando al fondo.

Durante el primer año, el vino es trasegado cuatro veces. Si se trata de un vino corriente, se embotellará pasado este año o se venderá en garrafas, pero los vinos finos necesitan más de un año en los toneles para que la oxidación siga su proceso. Durante el segundo año tendrán lugar dos o tres trasiegos más. El color se oscurecerá y el sabor se precisará gracias al contacto con la madera.

Como en el caso de los blancos, antes del embotellado los tintos se clarificarán mediante la introducción de una materia coloidal en el vino que atraerá todas las partículas, hasta las más pequeñas, que puedan flotar en él. En los tintos (y los rosados), los elementos más utilizados son la gelatina, la yema de huevo y la arcilla. Para que la clarificación sea un éxito tiene que realizarse unos seis meses después de la vendimia, cuando los dos procesos de fermentación han terminado.

Vinificaciones especiales

Rosados y claretes

Para la elaboración de vinos rosados se utiliza uva tinta vinificada como los blancos. Antes de la fermentación, el mosto macera en frío junto a las pieles de las uvas durante 24 o 48 horas, en función de la coloración deseada. A continuación, se extrae el mosto de la cuba para separarlo de las materias sólidas, se realiza un ligero desmangado y se procede a la fermentación alcohólica.

Por su parte, los claretes son vinos elaborados a partir de una mezcla de uva tinta y blanca, siguiendo el proceso de vinificación de los tintos. Su color oscilará entre un naranja pálido y un rubí brillante, según la proporción utilizada de uva blanca y tinta.

Espumosos

Los vinos espumosos, que contienen gas carbónico natural, presentan una vinificación similar a la de los blancos. Se obtienen con un mosto prensado muy suavemente, filtrado y enfriado. Tras la fermentación alcohólica se realizan los *coupages*: se añade al vino embotellado azúcar y levaduras (licor de tiraje) para posibilitar una segunda fermentación durante la cual, y tras un largo reposo y varias operaciones de removido, se obtiene el característico gas carbónico. Las botellas han estado inclinadas hacia abajo, por lo que las levaduras muertas se han concentrado en el cuello; para expulsar dicho depósito, se congela el cuello de la botella y se destapa, eliminando las levaduras en forma de hielo. Finalmente, se rellenan las botellas con licor de expedición y se vuelven a tapar con el corcho característico.

TIPOS DE ESPUMOSOS

Existen varios tipos de vinos espumosos naturales, que se distinguen por los diferentes métodos utilizados para su obtención:

— *método tradicional:* son vinos espumosos elaborados de acuerdo con las normas tecnológicas utilizadas en la zona originaria del *champagne* francés;
— *granvas:* en la elaboración de estos espumosos se sigue un proceso análogo al anterior, pero la segunda fermentación se realiza en grandes envases metálicos de varios miles de litros, en lugar de botella por botella. Estos espumosos se distinguen porque su tapón presenta un círculo vacío en su interior;
— *tranfer:* en su elaboración, la fermentación del vino se hace en botella; posteriormente, los caldos se filtran y se traspasan a otra botella distinta. Estos espumosos se distinguen por llevar en el tapón un círculo negro macizo.

En función de la cantidad de azúcares añadidos, se distinguen los siguientes tipos de espumosos:

— brut nature: sin adición de azúcar, o hasta 6 g/l;
— brut: 6-15 g/l;
— seco: 15-35 g/l;
— semiseco: 35-50 g/l;
— dulce: más de 50 g/l.

Generosos

Los generosos son vinos de alta graduación alcohólica (15-23°), cuya vinificación se caracteriza por la adición de alcohol vínico y, en el caso de los finos, por una crianza biológica o bajo velo en flor (es decir, mediante la acción de las levadu-

ras acumuladas en la superficie en forma de capa). Son vinos generosos los de Montilla-Moriles, el jerez, el oporto, etc.

La crianza y el envejecimiento del vino

Después de realizar todas las operaciones para la elaboración y estabilización del vino, el viticultor decidirá si lo comercializa ese mismo año, como vino joven, o si lo destinará a la crianza y envejecimiento; esta decisión dependerá de la calidad del producto.

Los vinos jóvenes, inundados de aromas florales y frutales, están destinados a ser vinos del año; es el caso de los blancos muy afrutados, de los vinos obtenidos por maceración carbónica, etc. No deben consumirse pasados tres o cuatro años desde la fecha de la cosecha, porque la frescura y el carácter afrutado que se derivan de su juventud son las primeras cualidades que se pierden.

No hay que olvidar el vino nuevo (el más precoz de los jóvenes, que conviene consumir poco después de ser embotellado porque es entonces cuando conserva intactas las características de la uva) ni el vino común (es decir, el de consumo inmediato).

Criar un vino significa mejorarlo no sólo para su comercialización, sino también para que sea apto para envejecer.

El envejecimiento requiere los mismos principios tanto para los vinos blancos como para los tintos y rosados, aunque los blancos secos necesitan menos tiempo y los rosados no suelen envejecer en madera de roble como los tintos.

Muchos son los elementos que entran en juego en el proceso de envejecimiento del vino. Se sabe que la acidez del líquido disminuye con el tiempo y que, mediante procesos bioquímicos muy complicados, el alcohol, los ácidos y otros muchos componentes se asocian para formar nuevos elementos que serán los que darán carácter al vino (es decir, de ellos resultará su olor y su sabor particular, o lo que es lo mismo, su buqué).

En principio, para el envejecimiento después de un primer periodo de maduración y crianza hay que pasar el vino a grandes toneles de roble o de castaño perfectamente estabilizados, limpios y desinfectados mediante anhídrido sulfuroso.

La madera de roble, generalmente americano, es el material idóneo para el envejecimiento de los vinos, porque les permite evolucionar favorablemente, les transmite sus características organolépticas y permite, gracias a su porosidad, la correcta oxidación. En función de su forma y tamaño, los envases en madera reciben distintos nombres: bordelesa (de 225 l de capacidad), pipa (de 400 l, muy utilizada en España), bota (de 516 l), tonel (el andaluz tiene una capacidad de 157,5 l), etc.

La edad de las barricas es limitada, porque sólo las nuevas o con poco uso transmiten al vino sus características con todo su esplendor; no obstante, se dice que las barricas que han servido para el envejecimiento tienen solera. Así, una barrica con solera del año 1880 es aquella que ha estado llena de vino desde entonces (no que contiene un mismo vino desde ese año).

A CADA PLATO SU VINO

Tras su paso por la barrica, el vino envejece en botellas de cristal con tapón de corcho donde va reduciendo sus compuestos fenólicos, pierde acidez y taninos y desarrolla su buqué.

El envejecimiento en botella (por asfixia, no por oxidación como ocurre en madera) tiene su máxima expresión en los *vintages* de Oporto, que son vinos reservados de cosechas excepcionales, que maduran muy poco en madera pero envejecen durante largo tiempo en botella (diez años, aproximadamente).

Los vinos viejos suelen presentar un color menos vivo, más mate que los vinos jóvenes. También su sabor es más suave al paladar, porque parte de la acidez primaria ha desaparecido.

Pero si el trabajo del tiempo puede aumentar la calidad del vino, también puede en un momento dado desvirtuarlo, perjudicarlo. Es raro que el vino blanco seco llegue a mejorar cuando han transcurrido tres años desde su elaboración y, en general, son muy raros los vinos que llegan a sobrepasar los treinta años de edad en buenas condiciones. Se puede decir al respecto que existen dos tipos de vinos: los vinos de poca graduación, frescos, de gusto afrutado, ya sean blancos o rosados, que alcanzan su grado óptimo al cabo de 3-6 años, y que luego empiezan a degenerar, y los vinos de alta graduación, blancos o tintos, secos o dulces, que requieren al menos diez años y, en algunos casos, mucho más hasta conseguir su calidad máxima.

PERIODOS DE CRIANZA

Tipos de vino	Barrica	Botella	Total
Crianza blanco/rosado	6 meses	18 meses	24 meses
Crianza tinto	6 meses	18 meses	24 meses
Reserva blanco/rosado	6 meses	18 meses	24 meses
Reserva tinto	12 meses	24 meses	36 meses
Gran reserva blanco/rosado	6 meses	42 meses	48 meses
Gran reserva tinto	24 meses	36 meses	60 meses

Tipos de vino

Según la cantidad de azúcar, los vinos se clasifican en secos (si es inferior a 5 g por litro) y abocados, semisecos y dulces (cuando la progresión de azúcar se sitúa entre 5 y 80 g por litro).

Por lo que respecta a la calidad, se distingue entre vinos comunes (ligeros, de consumo inmediato) y vinos de mesa (de elaboración más cuidada, buscando un sabor y aroma particulares).

ELABORACIÓN DEL VINO

> **VARIETALES**
>
> Se entiende por *vino varietal* aquel producido con un solo cepaje o variedad de uva, que está presente en, al menos, un 80-85 %, aunque lo habitual es que lo esté en un 100 %.

Según el color, los vinos pueden ser blancos, claretes, rosados y tintos (de uva negra y fermentación de mosto y hollejo juntos).

Por otra parte, hay una serie de vinos con unas características particulares, entre los que destacan los siguientes:

• *Vinos enverados y chacolíes:* estos vinos, a causa del clima de la región de donde proceden, no han conseguido una buena maduración que les permita gozar de una cantidad de azúcar suficiente como para adquirir, a través de la fermentación, la graduación alcohólica que se le exige a un líquido para ser definido como vino. Su graduación alcohólica oscila entre los 7° y los 9°.

• *Vinos dulces naturales:* poseen un contenido de azúcar superior a 100 gramos por litro, porque sólo fermentan parcialmente. Su riqueza en alcohol debe ser de, como mínimo, 8°.

• *Vinos nobles:* son aquellos que han sido elaborados con las mejores variedades de uva, que poseen una riqueza alcohólica exclusivamente natural y que han sido criados con prácticas esmeradas que acreditan su calidad.

• *Mistelas:* se realizan a partir de un mosto al que se le ha añadido alcohol vínico (autorizado y regulado). La graduación exigida es de al menos 13°, y la cantidad de azúcar ha de rebasar los 100 gramos por litro.

• *Vinos generosos:* los vinos abocados y secos que han sido producidos por variedades selectas de uva y que han sido elaborados según unas normas tradicionales particulares se definen como *vinos generosos*. Su graduación se sitúa entre los 14 y los 16°. Por encima de 15° no se produce la formación de hongos, lo que diferencia los finos y manzanillas con fermentación con «flor» (hongos) de los generosos, olorosos y amontillados.

• *Vinos generosos licorosos:* están elaborados a partir de uva selecta, a la que se ha añadido alcohol vínico de uvas dulces naturales, de mostos y de mistelas. Se sitúan entre los 13,5 y los 23°, y su cantidad de azúcar debe ser superior a los 100 gramos por litro.

• *Vinos licorosos:* cuando la cantidad de azúcar es menor, aunque no inferior a 50 gramos por litro, se habla de *vinos licorosos*.

• *Vinos espumosos naturales:* los vinos a los que su proceso de fermentación especial les ha conferido una cantidad de gas carbónico que les proporciona una presión mínima de cuatro atmósferas a una temperatura de 20 °C son llamados *vinos espumosos naturales*. Cuando son descorchados y escanciados forman una espuma de persistencia sensible, seguida de un desprendimiento de burbujas.

• *Vinos gasificados:* estos vinos se elaboran añadiendo industrialmente gran parte e incluso la totalidad del gas carbónico que contienen.

• *Vinos de aguja:* a diferencia de los espumosos naturales, los vinos de aguja no forman espuma al ser descorchados, aunque conserven al ser embotellados parte del anhídrido carbónico de la fermentación del azúcar. La presión deberá ser como máximo de tres atmósferas a 20 °C.

• *Vinos aromatizados (vermuts y aperitivos):* este tipo de vinos se obtiene a partir de un vino base al que se añaden sustancias aromáticas, amargas o estimulantes. Su graduación alcohólica no debe ser inferior a 14°, y la proporción de vino debe ser del 75 % del producto total.

• *Vinos chaptalizados:* para conseguir este tipo de vinos se refuerza con azúcares el mosto a partir del cual se elaborará.

• *Vino petillant:* es un tipo de vino chispeante y que produce una ligera espuma.

Cómo servir el vino

Para degustar un buen vino, la presentación (es decir, el tipo de copa utilizado, la temperatura del vino, la forma de servirlo, etc.) resulta tan importante como los sentidos, sobre todo si se tiene en cuenta que dependiendo de las circunstancias en las que se cate el vino, las facultades sensoriales pueden verse perturbadas. Así, por ejemplo, el tabaco o los aperitivos fuertes, el vinagre o el chocolate impedirán saborear las sutilezas del vino.

CONDICIONES PARA LA CONSERVACIÓN DEL VINO EN CASA

- En general, posición horizontal de los vinos.
- Humedad relativa del aire del 70 %.
- Ausencia de ruidos.
- Poca luz.
- Ausencia de olores extraños.
- Temperatura constante de, aproximadamente, 16 °C.

Temperatura

Servir el vino a la temperatura adecuada resulta fundamental para la plena percepción de todas sus características. Se trata de una tarea que exige técnica y precisión: si se baja en exceso la temperatura de un vino, aunque se esconden sus defectos, también se atenúan sus aromas y sabores; por otro lado, calentándolo demasiado se maximizan sus defectos. Por lo tanto, hay que buscar el perfecto equilibrio.

Se utiliza el término *frapear* para referirse al enfriamiento de un vino (aunque nunca por debajo de los 8 °C), y *chambrer* (ambientar) cuando se trata de que el vino alcance la temperatura de la estancia donde se va a consumir (nunca por encima de los 18 °C, porque tiende a oxidarse).

Se debe conseguir la temperatura ideal de servicio del vino de forma lenta y progresiva, para no dañar su calidad, y habrá que tener en cuenta que au-

menta uno o dos grados al ser servido en la copa. A continuación, se exponen las distintas temperaturas a las que los vinos alcanzan su plenitud de aroma y sabor.

Los blancos se sirven fríos o muy fríos, pero nunca helados. Enfriarlos en exceso impediría poder apreciar sus aromas y sabores plenamente. Es necesario recordar que por debajo de 5 °C las papilas gustativas se bloquean y no pueden percibir plenamente los sabores. En general, la correcta temperatura de servicio de un blanco oscila entre 8 y 10 °C, para disfrutar de su aroma afrutado. Los vinos blancos jóvenes se toman frescos, entre 7 y 10 °C. Una temperatura más alta resalta demasiado los valores alcohólicos, y una muy baja enmascara sus aromas. Los blancos dulces se deben servir a 5 °C para no distorsionar los aromas afrutados, y los blancos añejos, para mantener los aromas complejos de roble, necesitan una temperatura de entre 10 y 12 °C. Es conveniente guardar los vinos blancos en un lugar fresco y enfriarlos o mantenerlos en una cubitera con hielo.

Los vinos tintos deben servirse entre 16 y 18 °C, temperatura a la que conservan todos sus matices, pero pueden hacerse las siguientes distinciones: los tintos jóvenes, de 12 a 14 °C; los reserva, de 17 a 19 °C, y los gran reserva, un máximo de 22 °C. Una temperatura demasiado alta provoca la evaporación de los alcoholes y hace que afloren los aromas más fuertes y menos agradables del vino. En verano puede introducirse la botella en una cubitera con hielo unos nueve minutos para que alcance la temperatura adecuada.

Las especiales características de los rosados recomiendan una temperatura de servicio de 10 °C; por encima, perderían los rasgos que les otorga el mosto y por debajo, los que les dan los hollejos.

La temperatura ideal recomendada para consumir los cavas y espumosos oscila entre 5 y 7 °C, porque sus aromas están potenciados y desarrollados por el gas carbónico.

Por último, no existen normas establecidas acerca de la temperatura a la que hay que consumir licores y aguardientes.

Tipos de copas que hay que utilizar

A la hora de servir los vinos, las copas tienen una gran importancia, pues desvirtuarán o ensalzarán las cualidades del caldo. Hay unas reglas básicas que regulan su utilización: se recomienda siempre que sean transparentes y lisas, sin adornos, para percibir con claridad la limpieza y el color del vino; muchos expertos recomiendan que se rechace el servicio en copas de metal (pues pueden transmitir su sabor al líquido que contienen), o en copas ahumadas o coloreadas (porque no permiten una visión nítida de las cualidades del vino). Asimismo, el borde superior de la copa debe estar ligeramente curvado hacia el interior para que se concentre el buqué y pueda captarse con el olfato.

Existen distintos tipos de copas para los diferentes tipos de vinos (anchas, en forma de balón, para los vinos tintos secos; aflautadas, para los vinos ligeros de aguja, etc.), así como vasos pequeños para el chacolí, tazas para el ribeiro, etc.

La forma de copa más armoniosa y racional es la de huevo, alargada, con una capacidad de 215 cm^3, 46 mm de diámetro, una altura de 155 mm y 0,8 mm de grosor. En ella pueden servirse tanto los vinos blancos como los tintos, rosados y claretes.

Las copas tipo flauta, altas, alargadas y estrechas, que aumentan muy poco su anchura hacia la boca, están especialmente diseñadas para saborear los vinos espumosos, ya que permiten la concentración de su aroma y la conservación del gas. Concretamente, la copa de champán es un poco más estrecha que la de cava, para poder gozar del aroma más pronunciado de los vinos de esta región francesa. Deben desecharse las copas anchas en forma de hongo para el servicio de los vinos espumosos, ya que, aunque su uso esté todavía bastante extendido, en ellas se pierde el gas y el aroma.

Las copas de formato más pequeño están reservadas para los vinos de postre. Esta menor capacidad se debe a que, normalmente, estos vinos son de mayor graduación. Son ideales para los vinos andaluces: finos, manzanillas, olorosos, pedro ximénez, etc. Su forma es alargada, de tallo corto y boca estrecha, para facilitar la percepción de los aromas de estos vinos. Deben sujetarse por la base para no calentar el vino.

Para facilitar el movimiento y calentar, si se desea, el caldo con la mano, el grosor del cristal de las copas debe ser mínimo.

Por último, las copas nunca deben llenarse hasta el borde, sino como máximo en sus tres cuartas partes para así, mediante un ligero movimiento de rotación, apreciar el aroma del vino (de una botella estándar, de 75 cl, deben salir unas ocho copas).

A CADA PLATO SU VINO

> **COPA DE CATA**
>
> Su capacidad es de 215 cm^3, y la cantidad recomendada para la cata es de 50 cm^3. Su mayor volumen y peso permite movimientos menos bruscos para olfatear. El cristal es muy fino (para ver con más definición el color del vino) y su boca permite introducir a la vez los labios y nariz.

El descorche

En cuanto al descorche de las botellas, deben seguirse las siguientes recomendaciones:

— en primer lugar, la cortesía indica que se abra la botella en la mesa, delante de los comensales;
— hay que limpiar el gollete antes y después del descorche;

— con la ayuda de un cuchillo, una navaja o un cortacápsulas, se debe cortar la cápsula por debajo del gollete, sin llegar nunca a arrancarla completamente;
— en el momento de descorchar, no se ha de girar la botella, sino la mano que sujeta el sacacorchos; además, este no ha de atravesar nunca el tapón (para evitar que caigan partículas en el vino). Sin embargo, los espumosos se abren al revés, es decir, sujetando el corcho firmemente y girando suavemente la botella hasta que el tapón salga.

DESCORCHE DEL OPORTO

Los *vintages* (excepcionales vinos de Oporto) se descorchan de una forma particular. Al taponarlos se cubre el corcho con una capa de cera que, a causa de la acción del alcohol, se descompone. Resulta imposible utilizar un sacacorchos normal para quitar el tapón sin que se rompa, por lo que se utilizan unas tenazas calentadas al fuego, que se ajustan al cuello de la botella justo por debajo del corcho; después, en la zona calentada por las tenazas al rojo se aplica hielo, lo que produce una diferencia rápida de temperatura que permite que, sujetando con firmeza el cuello de la botella, este se pueda romper con la mano realizando un corte limpio. Una vez roto el cuello de la botella se vierte con sumo cuidado en un decantador, procurando que no caiga la gran cantidad de posos que contiene el vino.

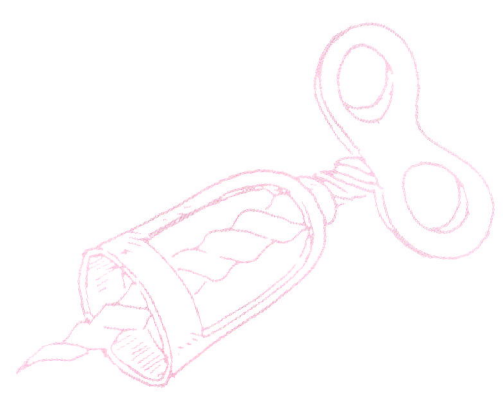

La decantación

Decantar es separar el vino del poso que pueda contener, vertiéndolo suavemente en la copa. Aunque una cantidad importante de depósito suele implicar una alta calidad, puede resultar incómodo beber un vino que lo tiene.

No todos los vinos necesitan la decantación; en principio, sólo debería hacerse cuando se observen posos en el caldo, pero también es conveniente en determinados tintos reserva y gran reserva que necesitan antes ser aireados.

AIREACIÓN

La aireación consiste en permitir que el vino entre en contacto con el aire antes de ser servido. Es aconsejable en los vinos añejos, y se recomienda hacerla una media hora antes de servir.

La decantación se realiza con la antelación suficiente al consumo para que pueda reposar el vino un tiempo, y debe hacerse con sumo cuidado, lentamente, para que el vino no se estrelle contra el fondo de la botella; se detendrá cuando los posos se aproximen al cuello.

Otras normas del servicio del vino

Normalmente los vinos deben servirse en la propia botella, respetando las huellas que acrediten la antigüedad de la misma. Para los grandes vinos tintos, o grandes reservas, se recomienda utilizar un cestillo, que puede ser de mimbre o metálico, con el fin de mantener la botella en posición semihorizontal (y con la etiqueta a la vista). Esta precaución impedirá que los depósitos que puedan existir en el líquido invadan las copas. Por su parte, los vinos blancos, una vez mostrada la botella, se introducirán en una cubitera con hielo que se colocará al lado de la mesa. Cada vez que se proceda a servir debe secarse la botella con una servilleta.

ORDEN DE SERVICIO DE LOS VINOS

- Los vinos más jóvenes preceden a los más viejos.
- Los de menor graduación, preceden a los más alcohólicos.
- Los de menos calidad, se sirven antes que los mejor elaborados.
- Los frescos preceden a los templados.
- Los blancos, si no son dulces, se sirven antes que los tintos.

Por último, conviene seguir las siguientes recomendaciones de servicio:

— el tapón debe olerse siempre antes de servir el vino, para comprobar que no lo ha estropeado;
— las primeras gotas de vino deben servirse en una copa aparte, para eliminar los posibles restos de corcho;
— debe darse a catar la primera copa de vino al anfitrión o al comensal de mayor edad para, una vez conseguida su aprobación, servir al resto;
— es conveniente secar con un paño el cuello de la botella después de servir cada copa, para evitar la gota que se desprende;
— hay que probar cada nueva botella que se incorpore al servicio;
— no hay que agitar nunca la botella;
— no deben mezclarse dos vinos distintos (es decir, si se cambia de añada, se deben cambiar las copas);
— entre vino y vino resulta conveniente beber un poco de agua para que no se mezclen las sensaciones que proporcionan uno y otro.

La cata del vino

Catar un vino es someterlo a los sentidos para estudiarlo, analizarlo, describirlo, juzgarlo, calificarlo y clasificarlo.

El oído es el primer sentido que debe apreciar la calidad de un vino. Una caída limpia y un fluir armonioso dice muchas cosas positivas sobre la calidad de un vino; por el contrario, una caída sin brío, pesada como el aceite, informa sobre la pérdida de calidad de ese caldo.

La vista permite apreciar el aspecto del vino. Es importante que el vino ofrezca un aspecto limpio. Si al alzar la copa a la altura de los ojos el vino se muestra turbio u opaco, seguramente se trata de un vino defectuoso. Con el índice y el pulgar el catador coge la copa por la base para no alterar la temperatura del líquido y la lleva a la altura de los ojos para apreciar el color y la nitidez del vino a contraluz. Los vinos blancos deben ser límpidos, brillantes y ligeramente verdosos. Si se aprecian reflejos dorados se considerará oxidado. La presencia de tonalidades ocres en los tintos indicará el grado de crianza en madera de roble. Los blancos, con el envejecimiento, oscurecen, mientras que los tintos se aclaran.

EL COLOR DEL VINO

El color del vino depende de los siguientes factores:

— el tipo de uva y su grado de maduración;
— la maceración de los hollejos;
— la crianza en madera;
— el envejecimiento en botella.

A CADA PLATO SU VINO

> **TERMINOLOGÍA DEL COLOR EN LA CATA**
>
> • *Tintos:* rojo, rojizo, rubí, granate, bermejo, violáceo, rojo violeta, azulado, negruzco, pajizo, rojo cereza, anaranjado, etc.
>
> • *Blancos:* amarillo, amarillo pajizo, blanco pálido, dorado, amarillento, ambarino, oro pálido, cobrizo, acaramelado, pardo, amarillo verdoso, etc.
>
> • *Rosados:* rosáceo, rojizo, rosa violeta, rosa cereza, rosa anaranjado, salmón, etc.

Después, el catador baja la copa hasta la nariz, efectuando un pequeño movimiento giratorio que libera las sustancias volátiles del vino que constituyen su aroma y que se han podido contar por cromatografía a centenares.

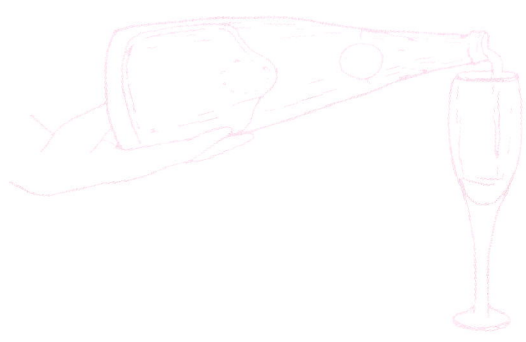

Los aromas del vino se dividen en tres categorías:

— *primarios:* son los aromas del tipo de uva o de la variedad predominante si se ha utilizado más de una. Estos aromas se aprecian sobre todo en los vinos jóvenes (afrutados) y se perciben en un primer momento, en cuanto se sirve el vino en la copa y antes de agitarla;
— *secundarios:* se trata de los aromas aportados por la fermentación. En ocasiones, revelan problemas acontecidos durante la elaboración, como, por ejemplo, los aromas sulfídricos que indican que el vino ha sufrido alguna degradación microbiológica. Estos aromas se perciben agitando el vino en la copa;
— *terciarios:* son los aromas que se desarrollan durante la crianza y el envejecimiento del vino, y que constituyen el buqué. Se perciben tras agitar fuertemente la copa y dejarla reposar de nuevo.

El vino joven ofrece un olor vinoso bastante acentuado, y el vino bien envejecido muestra un noble buqué en el cual se pueden identificar varias flores y frutas, como la frambuesa, la mora, la almendra y la vainilla. Si el vino está defectuoso, se advertirá un olor a vinagre, a uva podrida o a oxidación. En tal caso, vale más renunciar a la degustación y descartar la botella.

Los olores existentes en los vinos se clasifican en varias series: de tipo floral, de madera, verdes, balsámicos (que suelen indicar una crianza defectuosa), afrutados, animales, empireumáticos (normalmente desagradables, como el olor a moho o a corcho), de especias (como la canela o el clavo), etc.

Finalmente, el catador bebe un pequeño sorbo. Junto al olfato, el gusto es el órgano fundamental de la cata. El paladar revela la frescura, la armonía, el equilibrio, el cuerpo, la riqueza de sabor, la viveza y la aristocrática fineza del vino. Por otro lado, si el vino no es bueno delatará su acidez, su agresividad, su aspereza.

El tacto se realiza a través de la lengua, y así se percibe la temperatura del vino, la consistencia, la untuosidad, la fluidez, la textura y el cuerpo; también se deduce con precisión si el vino es amargo, salado, ácido, dulce o áspero.

El análisis gustativo se realiza en varias fases. Se inicia con el *ataque*, que es la primera impresión que el vino produce en la lengua, y suministra información sobre los sabores dulces. Durante la siguiente fase, denominada *evolución* o *paso de boca*, aparecen los sabores ácidos, salados y amargos. En la tercera, *impresión final* o *final de boca*, predominan los sabores amargos y astringentes. Por último, una vez ingerido o escupido el vino, todavía se pueden percibir sensaciones, que serán las que quedan englobadas en lo que se denomina el *regusto del vino*, que es el resultado de la persistencia de un sabor concreto. Coincidiendo con la deglución se realiza una expulsión de aire hacia la boca, que hace que los últimos efluvios accedan desde la faringe hacia la retronariz, pudiendo así volver a «oler» el vino pero calentado a la temperatura corporal.

Terminología de la cata

Se utilizan muchos adjetivos para calificar y matizar la calidad de los vinos. A veces, la terminología que emplean los entendidos puede resultar extraña, pero con un poco de concentración y entrenamiento cualquier aficionado puede apreciar y sentir las atribuciones que se otorgan al vino en cuestión.

A continuación, se exponen algunas de las calificaciones que suelen darse a los vinos y su correspondiente significado.

Un vino *seco* es aquel que durante el proceso de fermentación ha perdido todo el azúcar, por lo que no queda ningún trazo de este cuando es catado. Es importante que un vino seco esté dotado de fineza, es decir, que tenga una calidad armoniosamente equilibrada y elegante. Cuando el vino es rico en glicerina resulta también delicado, aunque esté privado de los azúcares residuales. El vino seco debe dejar en la boca una sensación de limpieza y sequedad. La glicerina es uno de los principales componentes del vino porque le confiere fineza en el gusto y rotundidad, atenuando la aspereza que proviene de las sustancias ácidas y tánicas.

El vino *abocado* es el que proporciona una ligera y placentera sensación dulce originada por los residuos de los azúcares naturales que contiene. No se trata de una calidad negativa, sino todo lo contrario, de una sensación suave y afable que se une a una tenue tonicidad.

Cuando un vino está entre seco y abocado se dice que es *rotundo*, porque es delicado en lo que concierne a su contenido de azúcar, pero moderadamente ácido y rico en glicerina.

Lo contrario de un vino rotundo es un vino *áspero*, es decir, sin armonía por contener un exceso de tanino. Normalmente, suele tratarse de vinos rosados jóvenes que no han madurado lo suficiente.

Un vino que se define *suave* no es forzosamente dulce, aunque a menudo se trata de vino que contiene entre 14 y 25 gramos de azúcar por litro (es decir, un 5-10 % o más). Este adjetivo quiere manifestar que el vino no es desagradable. Su sabor dulce puede provenir del azúcar del alcohol etílico y de otros constituyentes naturales. Estos vinos acompañan los postres y en cuanto tocan la punta de la lengua esta los detecta inmediatamente.

Es importante que la sensación de dulzor no sea demasiado acentuada, llegándose a convertir en desagradable al dejar en la boca y en la lengua una sensación pegajosa que revela la presencia de sustancias dulces no derivadas de la uva. Cuando esto ocurre se habla de un vino *dulzón*, es decir, con un sabor dulce empalagoso.

Cuando un vino desde el primer sorbo gusta sin dejar lugar a dudas se califica como *franco* y *limpio*. Estos vinos dejan sensaciones bien definidas sin que una característica domine sobre las demás.

El término *áspero* se utiliza para indicar que un vino es ácido, que tiene demasiado tanino y que ha madurado poco.

Un vino *agrio*, *avinagrado* o *picado* es aquel que empieza a agriarse, es decir, que contiene demasiado ácido acético (vinagre).

Ácido significa que, aunque el vino está sano, contiene una cantidad de ácidos superior a la normal. Se trata normalmente de vino que hubiera necesitado una posterior maduración.

Los vinos *adulterados* y *sofisticados* son los que contienen sustancias añadidas no permitidas, que les proporcionan aromas artificiales.

Cuando se comenta que un vino tiene un *sabor amargoso* no quiere decir que proporcione una sensación desagradable, sino que en el regusto presenta un ligero amargor, lo que no debe confundirse con el vino amargo, que sí resulta desagradable.

Un vino está *cocido* cuando el mosto ha estado expuesto a altas temperaturas, por lo que el vino resulta pesado.

El *amontillado* es un vino envejecido de más y que tiene un sabor que recuerda a los montillas.

Finalmente, un vino es *decrépito* o está *pasado* cuando carece de vitalidad por haber sido excesivamente envejecido, llegando a perder color, perfume, sabor y frescura.

El vino y la salud

Existe hoy en día una gran controversia sobre los efectos beneficiosos del vino sobre la salud. La polémica se estructura en torno a las escuelas americanas y europeas, con posiciones radicalmente contrapuestas. Así, los científicos de Estados Unidos, país con una pobre tradición vitivinícola, no recomiendan su consumo, ni siquiera de forma moderada, en contra de lo postulado desde Europa, especialmente desde los países mediterráneos, donde sí existe una gran tradición de consumo de vino. En Europa se intenta demostrar que un consumo racional del vino —es decir, no más de dos copas diarias— no sólo resulta placentero, sino que además protege el corazón.

La polémica se inició a finales de los años ochenta, cuando un estudio de la Organización Mundial de la Salud (OMS) comprobó que la tasa de mortalidad por enfermedades cardiovasculares de Francia era mucho menor que la de Estados Unidos. Dicho estudio reflejó, asimismo, que la tasa de consumo de grasas saturadas, grandes protagonistas en el desarrollo de las enfermedades coronarias, era muy similar en los dos grupos analizados. A este fenómeno se le llamó *la paradoja francesa*.

Investigadores de todo el mundo se pusieron en marcha para intentar dar respuesta a la paradoja francesa, y descubrieron que la dieta mediterránea tenía mucho que ver en ella, puesto que es mucho más rica que la americana en ácidos grasos poliinsaturados, como el oleico y el alfalinolenico, que siempre han sido considerados «amigos» del corazón.

En principio, el «misterio» había sido resuelto, pero al profundizar en el examen de los datos se observó algo sorprendente: a igualdad de dieta, los bebedores moderados de vino vivían mucho más que los abstemios.

A partir de ese punto se establecieron las primeras hipótesis de trabajo encaminadas a demostrar que el vino, bebida que contiene alcohol, gran «enemigo» del corazón, podía tener algún efecto protector sobre la enfermedad coronaria. Pronto se descubrieron las sustancias contenidas en el vino causantes de dicho efecto protector: los polifenoles.

Para entender su mecanismo de acción, conviene conocer de forma somera qué ocurre en las células del organismo, cuáles son las sustancias que producen, que son las «culpables», del envejecimiento y facilitan la aparición de enfermedades.

Los radicales libres son unas sustancias que se derivan del oxígeno; en situación normal, están en continua formación en las células del organismo y, en pequeñas cantidades, no producen efectos tóxicos. Los radicales son neutralizados por las defensas antioxidantes, propias del organismo (enzimas antioxidantes) o procedentes de los alimentos (vitamina C, vitamina E y beta caroteno, flavonoides, etc.). Cuando se produce un desequilibrio en el organismo, ya sea por una mayor producción de radicales libres o por la menor acción de los antioxidantes, aparece el denominado *estrés oxidativo*, que genera efectos tóxicos y diversas enfermedades, fundamentalmente enfermedades arterioscleróticas (enfermedades coronarias, accidentes cerebrovasculares, problemas obstructivos de los miembros inferiores, aneurismas arteriales), incluso alteraciones en la división de algunas células que pueden degenerar en tumores. Las defensas antioxidantes del organismo, ayudadas por las que aportan los alimentos, son indispensables para preservar la salud.

En la defensa antioxidante desarrollan un importante papel los polifenoles, que son unas sustancias que el organismo obtiene de forma exógena, es decir, a través de los alimentos. Este principio activo se encuentra en muchas sustancias vegetales, entre ellas, la uva. El hollejo y las semillas son las partes del grano de uva donde se concentran los polifenoles; en cambio, en la pulpa se detecta una cantidad casi inapreciable, por lo que el zumo de uva no tiene ningún valor como protector. En cambio, en el proceso de vinificación del vino tinto, como ya se ha apuntado en varias ocasiones, el hollejo y las semillas permanecen en contacto con el mosto durante la fermentación alcohólica, transmitiéndole en ese momento la práctica totalidad de los polifenoles al vino. En el proceso de elaboración del vino blanco sólo interviene la pulpa de la uva, por lo que su concentración de polifenoles es prácticamente inapreciable.

Desde que se conoce el efecto protector del vino, diversos investigadores están desarrollando técnicas para la detección de polifenoles mientras la uva está en la vid, con el fin de realizar la vendimia en el momento de mayor concentración de esta sustancia.

La cantidad de sustancias antioxidantes no es la misma en todos los vinos; la variedad de la uva, el terreno, la cantidad de sol recibida, etc. hacen que la concentración varíe de unos vinos a otros (desde 4,6 mg/l hasta 41 mg/l). Por ello, los cosecheros, además de promocionar sus vinos por su sabor y su cuidada elaboración, en la actualidad mencionan la cantidad de polifenoles que contienen, ya que es un argumento más a favor de la venta.

Las escuelas científicas norteamericanas discrepan de esto y afirman que el contenido alcohólico del vino es más perjudicial que los «hipotéticos» beneficios de su poder antioxidante.

Ante toda esta polémica conviene recordar que, como siempre, en el término medio está la virtud, y que las personas que gocen de buena salud pueden realizar un consumo moderado de vino, acompañado de una dieta de tipo mediterráneo, porque la degustación lenta y comedida del vino transmite toda una serie de beneficios para la salud, además de estimulaciones sensoriales placenteras, que son necesarias para mejorar la calidad de vida.

Vinos con Denominación de Origen en España

En España, la Denominación de Origen Calificada (D.O.) certifica la calidad de los vinos producidos en determinadas regiones que cumplen los requisitos establecidos por los Consejos Reguladores como, por ejemplo, el límite geográfico de la región, las variedades de cepas que pueden ser empleadas, la cantidad máxima de vino producida por hectárea, el grado mínimo de alcohol y los requerimientos de crianza (cuánto tiempo debe permanecer un vino determinado en madera o en botella).

A continuación, se detallan las características de los vinos que se producen en las denominaciones de origen reconocidas actualmente en nuestro país.

D.O. Abona

La comarca de Abona está situada en la parte meridional de la isla de Tenerife, y comprende los términos municipales de Adeje, Arona, Vilaflor, San Miguel de Abona, Granadilla de Abona, Arico y Fasnia.

Goza de un clima mediterráneo suave, muy soleado y seco, refrescado por los vientos alisios.

El viñedo se cultiva en altitudes comprendidas entre los 400 y los 1.700 m, y se diferencian dos zonas:

— medianías: desde los 400 hasta los 800 m, de terrenos volcánicos muy porosos capaces de absorber el agua de la humedad ambiental;
— zona alta: desde el límite de las medianías hasta los 1.700 m de Vilaflor, altitud asombrosa para el cultivo de la vid, de terrenos arcillosos muy fértiles.

Dispone de 1.000 ha de viñedo donde se cultivan, principalmente, las siguientes variedades: listán blanca, verdello, malvasía, sabro y bermejuelo, todas blancas, y listán negra y negramoll (cepas negras).

GRADUACIÓN ALCOHÓLICA	
Blancos	mín. 10,5 % vol.
Rosados	mín. 11 % vol.
Tintos	mín. 11,5 % vol.
Dulce clásico	mín. 15 % vol.

Se producen vinos blancos con cuerpo y sabrosos, aunque también se elaboran algunos tintos y rosados.

En los vinos de crianza, esta dura al menos dos años, con un periodo mínimo de seis meses en envase de roble de 1.000 l de capacidad máxima.

D.O. Alella

Al norte de Barcelona se halla la pequeña pero prestigiosa Denominación de Origen Alella, en torno al pueblo de Alella, en la comarca de El Maresme.

El clima, muy propicio, ofrece una media de temperatura de 15 °C y precipitaciones escasas que se concentran en otoño y primavera.

Su superficie de viñedo es de apenas 600 ha, emplazadas sobre unos terrenos arenosos de origen fundamentalmente granítico, que no superan los 120 m de altitud, y repartidas por los pueblos de Alella, Cabrils, Martorelles, El Masnou, Montgat, Premiá de Mar, Sant Fost de Campsentelles, Teiá, Tiana y Vallromanes.

GRADUACIÓN ALCOHÓLICA	
Blancos	11,5-13,5 % vol.
Tintos	11,5-13,5 % vol.

La Denominación de Origen Alella existe desde 1976 y recoge las siguientes cepas: pansà blanca, pansà roja, garnacha blanca, rosada, picapoll, macabeo y malvasía, para las blancas, y sumoll, garnacha negra y tempranillo, para las negras.

Los vinos blancos, de gran tradición y reputación, son secos y semisecos, afrutados y aromáticos, frecuentemente de aguja; también elabora tintos jóvenes, de crianza y sugestivos rosados obtenidos de las cepas ull de llebre, merlot y cabernet sauvignon.

Todos los vinos amparados a la denominación de origen se someten a crianza de dos años como mínimo, de los cuales uno de ellos se realiza siempre en envase de roble.

Su envejecimiento comienza a los cinco años, y puede durar hasta cuarenta años, siendo más ácidos y menos azucarados los de la vertiente del interior. Asimismo, son vinos de suave capa, aromáticos, de paladar fresco, apuntado, de aroma característico, suave, penetrante y agradable. La variedad ligeramente dulce es ideal para los platos de pescado fino y deben servirse ligeramente, fríos, a unos 7 °C.

D.O. Alicante

Los viñedos de esta denominación de origen se localizan en la provincia de Alicante y se dividen en dos subzonas: Alicante, a un lado y a otro del río Vinalopó, y La Marina. Suman un total de 34.000 ha de viñedo.

Se trata de una tierra de escasa pluviosidad, con suelos áridos, predominantemente calizos, donde se cultivan las siguientes cepas: monastrell (muy resistente y la más extendida), garnacha tintorera (conocida en la zona como *alicante*) y, en menor escala, bobal, para las tintas, y merseguera, moscatel romano y verdil, para las blancas. En la subzona de La Marina se cultiva la uva moscatel, base de exquisitos vinos de licor.

La especialidad local son los tintos, robustos, de elevado extracto, que con el envejecimiento obtienen un color rubí teja y desarrollan un característico buqué y un tacto suave al paladar. También se elaboran rosados y blancos.

El fondillón es un vino rancio muy aromático, tradicional de la zona. Su larga crianza se realiza en toneles de roble durante un mínimo de ocho años.

La crianza de los vinos sometidos a ella dura al menos dos años naturales, uno de los cuales se realiza en envase de madera.

GRADUACIÓN ALCOHÓLICA	
Blancos, secos, semisecos y dulces	mín. 11 % vol.
Rosados y tintos secos, semisecos y dulces	mín. 12 % vol.
De licor rosados y tintos	mín. 15 % vol.
Fondillón	mín. 16 % vol.

D.O. Almansa

La zona de producción de la Denominación de Origen Almansa acoge unas 10.500 ha de esta comarca de la provincia de Albacete. Su centro es Almansa, pero también se extiende por Chinchilla y los altos de Higueruela.

El clima es seco y continental, con inviernos rigurosos, veranos muy cálidos y una escasa pluviometría (apenas llega a los 400 l/m^2).

El viñedo se extiende sobre suelos calizos, a una altitud comprendida entre los 550 y los 1.100 m sobre el nivel del mar.

Está autorizado, entre las variedades blancas, el cultivo de la merseguera. No obstante, las tres cuartas partes del viñedo se reservan a las variedades tintas monastrell y garnacha tintorera.

Estas cepas permiten elaborar tintos recios, secos, suaves, con mucho cuerpo y hermoso color rojo rubí. Los rosados, de gran viveza, también son interesantes.

En los vinos sometidos a crianza, esta dura un mínimo de dos años (con uno en envase de roble).

GRADUACIÓN ALCOHÓLICA	
Tintos	mín. 12 % vol.
Rosados	mín. 12,5 % vol.

D.O. Ampurdán - Costa Brava

Al norte del Ampurdán, en Gerona, se localiza la zona de producción de esta denominación de origen, con cerca de 2.500 ha de viña, que se extienden sobre suelos arenosos y pobres.

Sus límites con el Mediterráneo y los Pirineos originan una climatología con contrastes muy acusados: alta insolación, abundante pluviosidad y frecuentes vientos violentos (la tramontana).

Se cultivan las cepas tintas garnacha tinta, mazuela y tempranillo (llamada *ull de llebre*) y las blancas macabeo, xarel·lo y garnacha blanca (conocida como *lledoner*).

Son muy populares los vinos rosados, de gran personalidad y delicado aroma, frescos y de moderada graduación alcohólica (el famoso *vi novell*), pero también se producen vinos dulces y generosos y excelentes tintos, que se consumen jóvenes, afrutados y ligeros.

La crianza de blancos y rosados dura un mínimo de un año y la de los tintos, dos, de los cuales al menos uno se efectúa en envase de roble.

GRADUACIÓN ALCOHÓLICA	
Blancos	11,5-13,5 % vol.
Rosados	11,5-14 % vol.
Tintos	11,5-14 % vol.

D.O. El Bierzo

Esta denominación de origen se encuentra situada en un valle en el noroeste de la provincia de León, que comparte características geoclimáticas con Galicia. Su situación privilegiada, entre la Cordillera Cantábrica y los Montes de León, le protege de los excesos climáticos y las temperaturas continentales extremas, confiriéndole rasgos climáticos mediterráneos y atlánticos a la vez: temperaturas suaves, alta insolación y menos precipitaciones que la vecina Galicia.

El viñedo ocupa unas 6.000 ha de suelos arcillosos y alcanza altitudes próximas a los 800 m.

La variedad tinta mencía es la más cultivada, junto a la garnacha tintorera y las blancas palomino, doña blanca, malvasía y godello.

Se elaboran vinos blancos, rosados y tintos, de personalidad acusada.

Los tintos y rosados de mencía son vinos elegantes, redondos y aterciopelados, afrutados y muy sabrosos cuando son jóvenes. La garnacha tinta aporta al vino un color intenso. Por último, los blancos son básicamente jóvenes, ligeros, aromáticos y de baja acidez.

En los vinos sometidos a crianza, esta dura un mínimo de dos años, de los cuales al menos seis meses tendrá lugar en envase de roble.

GRADUACIÓN ALCOHÓLICA	
Blancos	10-13°
Rosados	11-14°
Tintos	11-14°

D.O. Binissalem - Mallorca

Esta denominación de origen, establecida en 1991, está situada en el centro geográfico de la isla de Mallorca, en un paisaje de suave relieve, donde domina la llanura, que está protegida de los húmedos y fríos vientos marítimos del norte por el importante macizo de Sierra Alfabia.

Está integrada por cinco municipios: Binissalem, Consell, Sancellas, Santa Eugenia y Santa María del Camino.

Unas 300 ha de viñedo se asientan sobre suelos bien dotados de caliza, profundos, pedregosos, de texturas adecuadas. El clima insular es benigno, de veranos bastante secos y cálidos e inviernos suaves, con algo más de 500 l/m^2 de precipitaciones medias anuales y una elevada insolación.

Las variedades autorizadas para elaborar vinos son las autóctonas manto negro y callet (tintas) y moll (blanca), base de la viticultura tradicional y de su personalidad y estilo.

Los vinos más afamados de la zona son los tintos de manto negro, jugosos y elegantes, aromáticos y con cuerpo, que presentan condiciones para la crianza en roble. No obstante, también resultan muy interesantes los rosados y blancos, vinos de calidad.

La duración mínima de la crianza de los vinos es de dos años naturales, de los cuales seis meses están en envases de roble de 1.000 l de capacidad máxima.

GRADUACIÓN ALCOHÓLICA	
Blancos	mín. 10,5 % vol.
Rosados	mín. 11 % vol.
Tintos	mín. 11,5 % vol.
Espumosos	mín. 10,5-13 % vol.

D.O. Bullas

Comprende los municipios murcianos de Bullas, Cehegín, Mula, Ricote y parcialmente Calasparra, Moratalla, Caravaca y Lorca.

Los cultivos se sitúan a 500-810 m de altitud, en el Sistema Bético, en suelos bastante profundos, pobres en nitrógeno y materia orgánica, pero ricos en potasio.

El clima es de tipo mediterráneo, aunque matizado por la altitud de la zona: inviernos cortos pero rigurosos y veranos largos y calurosos durante el día, pero frescos por la noche. No escasean las lluvias (unos 450 l/m^2 anuales) y el aporte de humedad del rocío es importante.

La variedad tinta dominante es la monastrell, la mejor adaptada a las particulares condiciones del suelo. También se cultiva la tempranillo, aunque en menor proporción, y las blancas airén y macabeo.

Los vinos más característicos de la denominación de origen Bullas son los rosados, muy apreciados por su excelente estructura, paso de boca y frutosidad. Los tintos jóvenes, amplios, con carácter y afrutados, también son muy interesantes. Asimismo, se elaboran tintos de crianza, aunque en escasa cantidad. Por

GRADUACIÓN ALCOHÓLICA

Blancos	10-12,5 % vol.
Rosados	11-12,5 % vol.
Tintos	12-14 % vol.

último, la producción de blancos apenas alcanza el 2 % del total.

La crianza de los vinos por el sistema de añadas (mixto madera-botella) dura un mínimo de dos años, de los cuales al menos seis meses se efectúa en envases de roble de una capacidad máxima de 1.000 l.

D.O. Calatayud

Se localiza en la provincia de Zaragoza (desde las cuencas del Jalón y el Jiloca hasta la sierra de Vicort), por lo que pertenece a la gran región natural del Valle del Ebro.

El viñedo, localizado en torno a los 700 m de altitud y cultivado sobre suelos pedregosos y calizos, ocupa cerca de 7.500 ha y se distribuye a lo largo de 43 municipios.

GRADUACIÓN ALCOHÓLICA

Blancos	mín. 10,5 % vol.
Rosados	mín. 11 % vol.
Tintos	mín. 12 % vol.

El clima es seco, de muy alta insolación y fríos inviernos.

Las variedades tintas cultivadas son la garnacha (60 % del total del viñedo), mazuela, tempranillo y monastrell. En blancas sobresale la macabeo, con un 30 % del total del viñedo, seguida de la malvasía, la moscatel y la garnacha blanca.

Se elaboran vinos tintos, blancos y rosados de notables cualidades. Destacan los rosados de perfumada fragancia y los sabrosos tintos jóvenes y con crianza.

En los vinos sometidos a crianza, esta tiene una duración mínima de dos años naturales, de los cuales al menos seis meses se realiza en envases de roble.

D.O. Campo de Borja

Se extiende al noroeste de la provincia de Zaragoza, en una zona de transición entre el Sistema Ibérico y el valle del Ebro.

El clima, extremado, es continental, con inviernos fríos y veranos muy cálidos, prolongados y de acusada sequedad.

Comprende 6.500 ha de viñedo sobre suelos pedregosos y pobres en materia orgánica, pero con excelentes condiciones de aireación y drenaje.

La variedad tinta garnacha es la más cultivada (80 % de la producción) y da lugar a interesantes vinos tintos y rosados. También se desarrollan plantaciones de tempranillo y, recientemente, merlot y cabernet sauvignon, muy útiles y recomendadas para la mezcla y para someter los vinos a un envejecimiento más prolongado. La macabeo, entre las blancas, es la cepa más abundante, aunque también se cultivan macabeo y moscatel.

Los vinos rosados y tintos jóvenes son afrutados, jugosos y con un acertado equilibrio entre cuerpo, acidez y energía. También se elaboran tintos de crianza, poderosos y complejos.

De la variedad moscatel romano se elaboran armoniosos y aromáticos vinos de licor.

La crianza de los vinos se realiza por el sistema de añadas, y tiene una duración mínima de dos años naturales, de los cuales al menos seis meses se efectúa en envases de roble de 1.000 l de capacidad máxima.

GRADUACIÓN ALCOHÓLICA	
Blancos	mín. 10,5 % vol.
Rosados	mín. 11 % vol.
Tintos	mín. 12 % vol.
De licor	5-22 % vol.

D.O. Cariñena

La denominación de origen Cariñena se extiende por 21.000 ha repartidas entre 14 municipios del sur de la provincia de Zaragoza, situados en las faldas de las sierras de Algairén y Pecos, en altitudes de 500 a 800 m sobre el nivel del mar.

Las viñas se asientan sobre suelos de escasa fertilidad, muy pobres en materia orgánica, pero con excelentes condiciones de permeabilidad; muy aptos, por lo tanto, para el cultivo de la vid. El clima es seco y presenta temperaturas extremas, muchas horas de insolación y escasa pluviosidad.

Tradicionalmente se cultivan las variedades garnacha tinta (es la principal), mazuela y juan ibáñez, entre las tintas, y macabeo (o viura) y garnacha blanca entre las blancas. Últimamente, se complementan estas variedades con las tintas tempranillo y cabernet sauvignon y la blanca parellada, ampliando sustancialmente la gama de vinos.

Cariñena produce todo tipo de vinos: tintos jóvenes alegres y afrutados, de bellas tonalidades rojo-violáceas, así como sabrosos, amplios y equilibrados vinos de crianza y complejos y elegantes reservas, todos de adecuada graduación alco-

GRADUACIÓN ALCOHÓLICA	
Blancos	mín. 11 % vol.
Rosados	mín. 11 % vol.
Tintos	mín. 12 % vol.
Rancios	mín. 15 % vol.
De licor	15-22 % vol.

hólica. También se elaboran rosados frutosos y aromáticos, blancos de la uva macabeo, sabrosos, de suave paladar, rancios de largo envejecimiento y excelentes vinos de postre.

La duración mínima de la crianza de los vinos es de dos años, de los cuales seis meses están en envases de roble de 1.000 l de capacidad máxima. Los rancios se obtienen partiendo de vinos de graduación superior a 15° y sometiéndolos a un periodo mínimo de envejecimiento en barricas de roble de tres años.

D.O. Cava

Esta denominación no se circunscribe a una procedencia geográfica determinada: el 90 % de la producción se encuentra en Cataluña, concentrada casi exclusivamente en el Penedés, y el resto se reparte entre varios municipios de Zaragoza, Navarra, Álava, La Rioja, Valencia y Badajoz.

Como se ha dicho anteriormente, el cava es un vino espumoso natural elaborado siguiendo el sistema de segunda fermentación en botella, conocido como *método tradicional*.

Después de Francia, España es el segundo país mayor productor de vino espumoso elaborado por el método tradicional. La producción anual de vino espumoso español alcanza los 975.000 hectolitros.

Los suelos de la zona tradicional del Penedés son calcáreos, con tierras de tipo medio permeables al agua. El cultivo de la vid se sitúa en la zona central de la comarca, alejada del litoral marítimo mediterráneo y protegida por las montañas de Montserrat. El clima es mediterráneo, luminoso y soleado, de inviernos suaves y veranos no excesivamente calurosos. Todo ello, junto con una moderada pluviometría anual, produce un microclima óptimo para el cultivo de la viña y la maduración de la uva.

Las variedades de cultivo autorizadas por el Consejo Regulador son: xarel·lo, macabeo, parellada, subirat o malvasía riojana y chardonnay, entre las blancas, y garnacha y monastrell, entre las tintas.

Los cavas típicos (extra brut, brut, extra seco, seco, semiseco, dulce y espumoso rosado) se caracterizan por sus aromas primarios, su delicado buqué, un paladar vivo, diminutas burbujas y una expresión de frescor, todo ello obtenido mediante la sabia armonización de los vinos a través de la combinación de diferentes variedades de uva. Tienen que reposar en bodega como mínimo durante nueve meses.

El cava gran reserva, en cambio, reposa en bodega un periodo mínimo de 30 meses. Se caracteriza por sus aromas secundarios, como consecuencia del prolongado proceso de envejecimiento en contacto con la levadura durante la segunda fermentación.

D.O. Cigales

Comprende unas 3.000 ha de suelos arcillosos y calizos del norte de la Depresión del Duero, a ambos lados del río Pisuerga. La comarca comprende 12 términos municipales.

El clima es continental, con grandes oscilaciones térmicas, irregularidad pluviométrica y fuerte sequía estival.

La tinta del país es la variedad principal, y ocupa el 57 % de la superficie. Le sigue en importancia la garnacha tinta, con un 32 % de la superficie del viñedo. Y, por último, las blancas albillo, verdejo y viura.

La producción se reparte entre los rosados (Cigales nuevo, Cigales y Cigales crianza), de gran renombre, que son vinos frescos, ligeros y agradablemente aromáticos, y los vinos tintos, amplios en boca y peculiarmente aromáticos.

Debe prolongarse el periodo de envejecimiento de los vinos por un plazo de tiempo no inferior a dos años naturales, de los cuales, en los tintos, uno como mínimo se hace en barrica de roble de 225 l de capacidad, y seis meses en el caso de los rosados.

GRADUACIÓN ALCOHÓLICA

Rosados:
- Cigales nuevo (60 % mínimo de tinta del país, 20 % mínimo de variedades blancas)   10,5-13 % vol.
- Cigales (60 % mínimo de tinta del país, 20 % mínimo de variedades blancas)   11-13 % vol.
- Cigales crianza (60 % mínimo de tinta del país, 20 % mínimo de variedades blancas)   11-13 % vol.

Tintos (85 % mínimo de tinto del país y garnacha)   12-14 % vol.

D.O. Conca de Barberà

Las 6.000 ha de viñedo de la Denominación de Origen Conca de Barberà forman parte de la Depresión del Ebro y se localizan en el norte de la provincia de Tarragona, en los límites con la de Lérida.

Su centro geográfico y también histórico es la hermosa y acogedora ciudad medieval de Montblanc.

El clima de esta zona es continental, con inviernos fríos, veranos no excesivamente calurosos y pluviometría bastante alta. Los terrenos son fundamentalmente calcáreos.

En esta zona de la Depresión del Ebro se cultivan fundamentalmente las variedades blancas macabeo y parellada, aunque también se cultivan las tintas garnacha, trepat y tempranillo.

GRADUACIÓN ALCOHÓLICA	
Blanco Parellada	10-11 % vol.
Blancos	10-12 % vol.
Rosados	10-12 % vol.
Tintos	10,5-13 % vol.
Espumosos	10,8-12,8 % vol.

La Conca de Barberà es zona de vinos de moderada graduación alcohólica, bien dotados de acidez, ligeros y de aroma delicadamente afrutado.

Son muy apreciados los blancos obtenidos de la uva parellada, muy ligeros y transparentes.

La crianza de los vinos dura dos años como mínimo.

D.O. Condado de Huelva

Abarca 17 municipios, y ocupa cerca de 7.500 ha del sureste de la provincia de Huelva.

El clima es templado, con precipitaciones importantes (más de 700 l/m² anuales), luminosidad muy elevada y una temperatura media anual de 16-18 °C.

Los suelos son arenosos, permeables y de moderada fertilidad.

En esta zona se cultiva principalmente la variedad blanca zalema, pero también la palomino, listán, garrido fino y moscatel.

GRADUACIÓN ALCOHÓLICA	
Blancos	11-14 % vol.
Vinos generosos:	
Condado pálido	15-17 % vol.
Condado viejo	15-23 % vol.

Los vinos son, por un lado, los blancos jóvenes, secos, de moderada graduación alcohólica y aromáticos, con un afrutado característico, y, por otro lado, los generosos condado pálido (de color pajizo, sometido a una crianza biológica igual que el fino jerezano) y condado viejo (de color caoba, sometido a crianza oxidativa; pueden ser secos, semidulces y dulces).

D.O. Costers del Segre

Esta denominación ocupa 4.000 ha de suelos calcáreos. Está integrada por cuatro subzonas: Raimat, Artesa, Vall de Riu Corb y Les Garrigues, de características climáticas y edafológicas bien diferenciadas.

Las variedades de cepas que se cultivan son las blancas macabeo, parellada, xarel·lo, chardonnay, garnacha blanca y algo de sauvignon blanc, mientras que en negras predominan la monastrell, garnacha, tempranillo, cabernet sauvignon, merlot, pinot noir, trepat y cariñena.

Raimat, cerca de la capital, comprende 1.000 ha de suelos calcáreos y pedregosos, con un clima continental suave. Produce vinos blancos de gran finura y delicadeza, tintos de elegante complejidad y equilibrio y espumosos de gran personalidad y ricos en matices.

Pollo en chaud-froid

4 pechugas de pollo - 1 zanahoria - 1 tallo de apio - 1 ramita de perejil - 60 g de mantequilla - 60 g de harina - 2 yemas de huevo - 1 vaso de nata - 1 pepino - 3 hojas de gelatina neutra - 1 ramillete de perifollo fresco - sal - pimienta

Se hierven las pechugas de pollo con el apio, la zanahoria, el perejil y una pizca de sal durante 20 minutos, y se deja que enfríen en el caldo de cocción. Se cuela el caldo, se agregan las hojas de gelatina que previamente se habrán ablandado en agua fría. A continuación, con este caldo y la harina y la mantequilla se prepara una salsa blanca de la misma manera que se hace la bechamel; se incorporan dos yemas y la nata, se sazona y se deja enfriar. Se untan con esta salsa las pechugas (si se han tenido 20 minutos en la nevera, la salsa se adherirá mejor a la carne), se deja que escurran y se sirven decorando cada una con una flor hecha con el pepino y las hojas de perifollo.

POLLO CON ESPECIAS

1 pollo de 1,5 kg aproximadamente - 4 cucharadas de aceite de oliva virgen - 30 g de mantequilla - 1 vaso de vino tinto - mejorana, romero y salvia frescos - 400 g de zumo de tomate - 100 g de olivas verdes y negras sin hueso - 30 g de alcaparras - 1 vaso de ginebra - sal - pimienta

Se limpia bien el pollo y se trocea. En una sartén grande se calienta el aceite y la mantequilla, y se doran los trozos de pollo; en este momento se incorpora el vino, y se deja que se evapore lentamente. Se maja el romero, la salvia y la mejorana, y se incorpora al guiso; a continuación, se incorpora el zumo de tomate, se salpimenta al gusto y se deja en el fuego durante 1 hora y 45 minutos, a fuego lento, añadiendo de vez en cuando agua o caldo de pollo caliente si es necesario. Se trocean las olivas y se incorporan también a la sartén, junto con las alcaparras, 10 minutos antes de detener la cocción. Por último, se pone el pollo en una bandeja de servir, caliente, y se riega con el licor, que le proporcionará un aroma particular y un sabor muy agradable. Se sirve al momento.

Codornices rellenas de castañas

6 ciruelas pasas - 8 codornices - 1 vasito de puré de castañas - 1 tallo de apio - 1 cebolla - 2 cucharadas de pan rallado - el zumo de 1/2 limón - 1/2 l de vino tinto - unas hojas de salvia - tomillo - aceite - sal - pimienta - 16 lonchas de beicon

Se limpian bien las codornices y se reservan. Mientras, se prepara el relleno picando las pasas, el apio, la cebolla, la salvia y el tomillo; se pone este relleno en una cazuela, se riega con 1 cucharada de aceite y se sofríe a fuego lento, removiendo sin cesar; a continuación, se riega con un poco de vino y el zumo de limón, se salpimenta y se deja al fuego 3 minutos más; transcurrido este tiempo, se retira del fuego, se añade el pan rallado y el puré de castañas y se mezcla todo bien. Se rellenan las codornices con esta mezcla, se envuelven con lonchas de beicon y se atan; se ponen en una cazuela con un poco de aceite, se doran, se incorpora el resto del vino y se deja que se hagan durante 30 minutos. Finalmente, se colocan en una fuente, se les quita la cuerda y se riegan con el fondo de cocción antes de servir.

Faisán con uvas y salsa

1 faisán tierno - 500 g de uva blanca - 1 cebolla grande - 100 g de tocino - 50 g de unto o manteca - 1 vaso de vino blanco - 1 vaso de caldo - 1 dl de nata - aceite - sal - pimienta

Se limpia bien el faisán, y se reserva. Se pela y se pica la cebolla, se corta en trocitos el tocino y se dora todo en una sartén con una cucharada de aceite; se salpimenta. Se retira este sofrito del fuego, se incorpora una docena de uvas lavadas y se rellena con ello el interior del faisán. Se cose la abertura por la que se ha introducido el relleno, y se ata el faisán para que mantenga la forma durante la cocción. Se pone en una cazuela el unto con unas gotas de aceite, y se dora el faisán; se salpimenta, se rocía con el vino, y se deja a fuego medio hasta que el vino se evapore. A continuación, se riega con el caldo y se deja una hora al fuego; 15 minutos antes de finalizar la cocción, se incorporan a la cazuela las uvas bien limpias. Se saca el faisán de la cazuela, se extrae el relleno, y se pone en el recipiente de la batidora junto con el caldo de la cazuela (las uvas se reservan); se bate, se añade la nata y se pone al fuego esta salsa hasta que ligue. Se coloca el faisán en una bandeja cortado en trozos junto con las uvas, y se riega con la salsa; se salpimenta y se sirve.

La subzona de Artesa se ubica en el noroeste de la capital en un territorio que atraviesa el río Segre de este a oeste. El clima es continental, con inviernos rigurosos y largos, por lo que las variedades cultivadas son de ciclo corto: macabeo, monastrell y cabernet sauvignon. Produce blancos, tintos y rosados.

Por último, las subzonas de Vall de Riu Corb y Les Garrigues, colindantes entre sí y con la provincia de Tarragona, están en el sureste de la provincia. Los suelos son ricos en calcio. El clima, de influencia mediterránea y escasa pluviosidad, favorece el cultivo de la vid. Estas subzonas producen vinos blancos y tintos, francos y robustos.

Los blancos y rosados que se someten a crianza tienen un periodo mínimo de envejecimiento de un año, y los tintos, en cambio, dos años, de los cuales al menos seis meses se realiza en envases de roble.

GRADUACIÓN ALCOHÓLICA	
Blancos	9,5-13-5 % vol.
Rosados	9,5-13-5 % vol.
Tintos	9,5-13-5 % vol.
Espumosos	10,8-12,8 % vol.
Vinos de aguja	9-11 % vol.

D.O. El Hierro

Esta denominación se ubica entre los términos de Valverde y Frontera, en la isla canaria, de suelos muy porosos (suelos volcánicos). La vid ocupa unas 300 ha de superficie en terrenos (bancales) situados entre los 200 y los 700 m de altitud. El clima es seco y árido.

En toda la zona predominan las variedades blancas: listán blanca y vijariego, fundamentalmente. Las tintas autorizadas son la listán negro y la mulata o negramoll.

Se elaboran vinos blancos con cuerpo, nervio y personalidad, rosados afrutados y consistentes, de matices anaranjados, y tintos de intensa coloración, robustos y cálidos en la boca.

En los vinos sometidos a crianza, esta dura un mínimo de dos años, de los cuales seis meses, al menos, se efectúa en envases de roble de 1.000 l de capacidad máxima.

GRADUACIÓN ALCOHÓLICA	
Blancos	mín. 11 % vol.
Rosados	mín. 11,5 % vol.
Tintos	mín. 12 % vol.

D.O. Jerez - Xérès - Sherry y Manzanilla de Sanlúcar de Barrameda

Las 11.000 ha que corresponden a esta denominación se reparten entre Jerez de la Frontera, El Puerto de Santa María, Sanlúcar de Barrameda, Chiclana, Chipiona, Lebrija, Puerto Real, Rota y Trebujena, ciudades bañadas por el océano Atlántico y los ríos Guadalquivir y Guadalete.

El viñedo se extiende sobre terrenos ondulados; son las célebres albarizas, tierras esponjosas, de caliza blanca, muy profundas, permeables, con inmejorables condiciones para el cultivo de la vid.

El clima meridional caluroso se compensa con la proximidad del océano Atlántico, que proporciona veranos e inviernos suaves, con una humedad alta y una elevada insolación (más de 3.000 horas de sol al año).

Esta denominación de origen sólo ampara cepas blancas, entre las cuales domina la palomino fino, que ocupa un 95 % de la producción, seguida de las pedro ximénez y moscatel.

La crianza se realiza por el sistema clásico de criaderas y soleras, en vasijas de roble. Todos los vinos protegidos deben tener una edad mínima de tres años para destinarse al consumo.

GRADUACIÓN ALCOHÓLICA	
Finos	15-18 % vol.
Amontillados	16-22 % vol.
Olorosos	17-22 % vol.
Palo cortado y raya	17-22 % vol.
Manzanilla	15-19 % vol.

D.O. Jumilla

Las 42.000 ha que constituyen los viñedos de esta denominación de origen se extienden por Jumilla, en Murcia, y seis municipios de la provincia de Albacete.

Los suelos son pardos y arcillosos al norte de la denominación, y calizos y pedregosos al sur. Se trata de un territorio elevado (de 400 a 900 m de altitud), de clima bastante duro, continental, aunque influido por el Mediterráneo, que lo hace muy seco, cálido en verano y frío en los cortos inviernos.

La principal variedad de la zona es la tinta monastrell, que constituye más del 80 % del viñedo. Se trata de una variedad noble, austera y resistente, con unas uvas de oscura coloración y gran riqueza en azúcares.

Otras variedades autorizadas que se cultivan son la garnacha tintorera, la cencibel y la cabernet sauvignon, entre las tintas, y las airén y macabeo, entre las blancas, menos extendidas.

Se elaboran tintos jóvenes, pastosos, suaves, ardorosos y con mucho cuerpo.

También se elaboran tintos doble pasta de gran demanda internacional, así como rosados afrutados y blancos.

GRADUACIÓN ALCOHÓLICA	
Jumilla monastrell (>85 % var. monastrell):	
— Rosados	mín. 12 % vol.
— Tintos	mín. 12,5 % vol.
Jumilla:	
— Blancos	mín. 11 % vol.
— Rosados	mín. 11,5 % vol.
— Tintos	mín. 12 % vol.
Jumilla dulce:	
— Blancos	mín. 11 % vol.
— Rosados	mín. 11,5 % vol.
— Tintos	mín. 12,5 % vol.

Es tradicional también la elaboración de vinos rancios, secos o dulces, de monastrell, de muy prolongada crianza.

La crianza de los vinos tiene una duración mínima de dos años naturales y se realiza en barricas de roble de una capacidad máxima de 1.000 l.

D.O. Lanzarote

Se extiende por toda la isla canaria. La isla de Lanzarote, de naturaleza volcánica, presenta una fisonomía ondulada con conos volcánicos de escasa altitud.

El clima se caracteriza por la escasez de lluvias, una gran luminosidad y una suavidad térmica constante, excepto cuando aparece el viento sahariano procedente de África.

Esta capa volcánica en ciertas zonas llega a superar los 2 m, lo que obliga a excavar grandes hoyos en forma de cono invertido para que la cepa pueda hundir sus raíces en el terreno. Para aumentar la protección contra los abrasadores vientos, se rodean las cepas con muretes de piedra volcánica.

Destacan entre sus vinos unos finos y equilibrados blancos jóvenes, elaborados a partir de la variedad malvasía. Diego y listán blanco proporcionan blancos jóvenes secos y semisecos y listán negro y negramoll, tanto tintos jóvenes y de crianza como rosados.

En los vinos que se sometan a crianza por añadas (sistema mixto madera-botella), esta dura un mínimo de dos años, de los cuales al menos seis meses se efectúa en envases de roble con una capacidad máxima de 1.000 l.

GRADUACIÓN ALCOHÓLICA	
Blancos	11-14 % vol.
Tintos	11-14,5 % vol.
Rosados	mín. 11,5 % vol.

D.O. Málaga

Denominación con cerca de 1.000 ha de viñedo inscrito; ampara los vinos elaborados con las uvas que se recogen en los municipios de la provincia de Málaga, pero, para que estén protegidos por la Denominación de Origen Málaga, tienen que pasar por las soleras-criaderas de la capital.

Al norte, el clima es continental, con inviernos y veranos cortos, y al sur es típicamente mediterráneo (suave, con medias térmicas entre los 16 y los 18 °C, y precipitaciones entre los 400 y 500 l/m² al año).

Alternan los suelos arcillosos y arenosos con estratos de calizas, al norte, con los suelos arcillosos-pizarrosos de las tierras costeras.

Las únicas variedades cultivadas son la pedro ximénez, principalmente en el interior, y la moscatel, base de los famosos málaga dulce, vinos de postre, de color amarillo y ámbar oscuro.

A CADA PLATO SU VINO

Los málaga secos pasan largo tiempo en contacto con la madera y adquieren un carácter similar a los olorosos de Jerez o Montilla-Moriles.

Otras de las elaboraciones importantes de esta denominación de origen son el lágrima, de gran finura y suavidad, y el pedro ximénez, vino dulce de color caoba con unos reflejos rojizos elaborado, exclusivamente, con la uva que le presta su nombre.

Todos los vinos se someten a crianza mediante el sistema de criaderas y soleras, o bien por envejecimiento en vasijas de roble, de capacidad no superior a 800 l. La duración de la crianza nunca debe ser inferior a dos años.

GRADUACIÓN ALCOHÓLICA	
Dulce	15-23 % vol.
Semidulce	15-23 % vol.
Semiseco	15-23 % vol.
Abocado	15-23 % vol.
Seco	15-23 % vol.

D.O. La Mancha

Se contabilizan 180.000 hectáreas inscritas en esta denominación, repartidas entre términos municipales de las provincias de Albacete, Ciudad Real, Cuenca y Toledo, y que constituyen la mayor agrupación vitícola del mundo.

A pesar de la vasta extensión, la zona presenta una gran uniformidad geográfica. El clima también es muy uniforme, con una escasa pluviosidad y temperaturas que oscilan entre los –10 °C en invierno y los 40 °C en verano. Los terrenos, a una altitud de 700 m, son calizos y muy uniformes.

La mayor extensión se dedica al cultivo de la cepa blanca airén; entre las cepas tintas, la principal es la cencibel, de gran calidad.

Predomina la producción de vinos blancos, francos y ligeros, pero también se elaboran rosados frutales y frescos. Por último, los tintos de cencibel jóvenes o sometidos a una moderada crianza en madera de roble originan vinos de un grato paladar, suaves y de fácil paso de boca.

La crianza de los vinos tiene una duración mínima de dos años naturales, y se realiza en barricas de roble de 1.000 l de capacidad máxima.

GRADUACIÓN ALCOHÓLICA	
Blancos	10-14 % vol.
Rosados	10-14 % vol.
Tintos	11-15 % vol.
Espumosos	10,5-13 % vol.

D.O. Méntrida

Esta zona de producción está localizada entre la provincia de Toledo y algunas zonas del sur de Madrid, y se extiende sobre 13.600 ha, en un terreno de superficie muy arenosa.

El clima es continental extremado, con inviernos y veranos muy duros y una pluviosidad media que pocas veces alcanza los 400 l/m² anuales.

Entre las variedades autorizadas por el Consejo Regulador, todas negras, domina la garnacha, que ocupa más del 80 % del viñedo. El resto lo reparten la cencibel y la tinta de Madrid.

Los vinos tintos de Méntrida son de altísima graduación alcohólica, singularmente ricos en tanino y materias colorantes; son vinos muy frutosos y sabrosos, de hermoso color y buen paladar.

Se elaboran también rosados, de aroma afrutado, agradable color, excelente paladar y una graduación también elevada.

La crianza de los vinos tiene una maduración mínima de dos años en barrica de roble.

GRADUACIÓN ALCOHÓLICA

Rosados	mín. 11,5 % vol.
Tintos	mín. 12 % vol.

D.O. Mondéjar

Unas 4.500 ha de viñedo constituyen el activo vitícola de esta comarca que tiene su principal exponente en el municipio de Mondéjar (Guadalajara).

La altitud media de la zona es de 800 m y su climatología corresponde a un tipo mediterráneo templado con elementos de continentalidad.

La clasificación de los suelos es de dos tipos: por un lado, un suelo rojo sobre sedimentos limoarcillosos con grava en la zona sur y, por otro, un suelo pardocalizo sobre margas, areniscas y pardocalizas en la zona norte.

Las variedades de uva acogidas en esta denominación son: cencibel y cauvernet sauvignon, entre las tintas, y malvar y macabeo, entre las blancas.

Se elaboran vinos tintos (según el sistema tradicional de despalillado y maceración carbónica), blancos y rosados (estos últimos mediante un sistema de cultivo tradicional y fermentación controlada).

La duración mínima del proceso de crianza es de dos años, de los cuales al menos durante seis meses el vino permanece en envases de madera de roble de 225 l de capacidad aproximada.

GRADUACIÓN ALCOHÓLICA

Blancos	mín. 10 % vol.
Rosados	mín. 11 % vol.
Tintos	mín. 11 % vol.

D.O. Monterrei

Esta denominación, definitiva desde 1995, se sitúa en el valle de Monterrei, en el borde suroriental de la provincia de Orense, junto a la frontera con Portugal. Se trata de una zona de casi 3.000 ha de cultivo repartidas entre los municipios de Monterrei, Verín, Castrelo do Val y Oímbra.

Los suelos profundos y fértiles, de materiales silíceos, y el clima, de marcados rasgos mediterráneos (inusualmente seco en esta zona de Galicia, y de cálidos veranos), constituyen un medio muy adecuado para que la viña prospere y ofrezca productos de alta calidad.

El viñedo está constituido por las variedades autóctonas doña blanca, verdello (nombre local de la godello), treixadura, mencía, gran negro y merenzao, y las aclimatadas, menos interesantes, palomino y garnacha tintorera, de las que se obtienen vinos blancos y tintos frescos, alegres y de afrutado aroma.

GRADUACIÓN ALCOHÓLICA

Blanco monterrei (mín. 60 % var. blancas preferentes)	mín. 10 % vol.
Blanco monterrei superior (mín. 85 % var. blancas preferentes)	mín. 11 % vol.
Tinto monterrei (mín. 60 % var. tintas preferentes)	mín. 10 % vol.
Tinto monterrei superior	mín. 10,5 % vol.

D.O. Montilla - Moriles

Denominación que se extiende por 23.500 ha aproximadamente de suelos calcáreos (alberos) de la provincia de Córdoba, idóneos para el cultivo de la vid, plantada a una altitud que oscila entre los 300 y los 600 m. El clima es continental, con veranos cálidos y muy secos e inviernos fríos y cortos.

La variedad principal en Montilla-Moriles es la blanca pedro ximénez, una uva finísima; en menor cuantía, se cultivan también moscatel, airén y baladí. No se producen variedades tintas.

Los vinos más significativos de esta denominación de origen son muy semejantes a los jerezanos: finos de color pálido, secos y ligeramente amargos, con cierto aroma almendrado; amontillados, de color ámbar u oro viejo, secos, con ligero olor a manzana e intenso aroma avellanado; olorosos, de color caoba, aterciopelados y con gusto a avellana (cuando son viejos alcanzan los 20° de graduación alcohólica); palo cortados, semejantes a los amontillados en su aroma y a los olorosos en sabor y color; raya, parecidos a los olorosos, pero con menos paladar y aroma; pedro ximénez (vinos dulces naturales obtenidos a partir de uva soleada de esa variedad de color rubí, muy ricos en azúcares); ruedos (vinos blancos sin crianza, pálidos, secos y ligeros), y blancos jóvenes, pálidos, delicados y afrutados.

La crianza de los vinos generosos se realiza por el sistema de criaderas y soleras, durante un tiempo mínimo de dos años y en vasijas de roble de 1.000 l de capacidad máxima. En vinos blancos la crianza dura un mínimo de un año en vasijas de roble de 1.000 l de capacidad máxima también.

GRADUACIÓN ALCOHÓLICA

Generosos con crianza en flor:

— finos	15-17,5 % vol.
— amontillados	16-22 % vol.
— olorosos	16-20 % vol.
— palo cortado	16-18 % vol.

Generosos sin crianza en flor:

— raya	16-20 % vol.
— pedro ximénez sin envejecimiento	10-12 % vol.
— pedro ximénez con envejecimiento	mín. 13 % vol.
— moscatel	mín. 15 % vol.

Blancos:

— sin envejecimiento	10-12 % vol.
— con envejecimiento	mín. 13 % vol.

D.O. Navarra

Ribera Alta, Ribera Baja, Valdizarbe, Baja Montaña y Tierra Estella son las cinco subzonas que integran la Denominación de Origen Navarra. En total, son unas 20.000 ha de viñedo.

Las características edafológicas y climáticas, aunque muy bien diferenciadas entre las cinco comarcas, permiten el desarrollo de la vid en las mejores condiciones. En la Ribera Baja los suelos son más áridos y el clima más cálido que en el resto de subzonas.

Como se ha dicho, dentro de la denominación de origen Navarra se distinguen las siguientes zonas:

— Ribera Baja, con tintos bien elaborados que se caracterizan por una grata aspereza y una buena graduación. Los blancos de esta misma zona son secos (de 11 a 14°), semidulces (11-13°), moscateles (13-15°) y mistelas (14-19°);
— Ribera Alta, donde, debido a la menor insolación, los vinos son de menor graduación;
— Valdizarbe, con vinos de menos graduación aún que los anteriores. Los rosados secos se sitúan entre los 11 y los 13°, y los tintos y claretes entre 11 y 15°;
— Tierra Estella Cabe, con su famoso clarete de Estella, oscuro, fino y de aromático buqué;
— Montaña, subdividida a su vez en parte baja, con tintos entre los 13 y los 16°, y parte alta, con tintos de 11 a 13°.

La variedad por excelencia de esta denominación de origen es la garnacha tinta. Se cultivan también tempranillo, graciano y cabernet, entre las tintas, y viura (variedad principal), garnacha blanca, malvasía, moscatel de grano menudo y chardonnay, entre las blancas.

Son tradicionales los vinos rosados, jóvenes, de intenso aroma afrutado, suaves y de excelente calidad.

Como están tan bien asentados, la denominación de origen se ha esforzado en la elaboración de tintos de crianza y reserva con proporciones de tempranillo, garnacha, cabernet sauvignon y otras que extraigan lo mejor de cada cepa, envejezcan bien y se diferencien de los *coupages* riojanos. Los blancos navarros son suaves, agradables y con buena acidez.

Los tintos se someten a una crianza de un año en barrica de roble de 500 l de capacidad y los blancos y rosados, a crianza de seis meses.

GRADUACIÓN ALCOHÓLICA	
Blancos	10-12,5 % vol.
Rosados	10-13,5 % vol.
Tintos	10-14 % vol.

D.O. La Palma

La Denominación de Origen La Palma abarca toda la isla canaria del mismo nombre, e incluye un total de 1.600 ha de viñedo repartidas en tres subzonas: Fuencaliente, norte de La Palma y Hoyo del Mazo, a una altitud que oscila entre los 200 y los 1.400 m.

El clima, muy benigno, participa de los beneficios de su condición atlántica y de los húmedos vientos alisios.

El viñedo se cultiva en terrenos de cenizas volcánicas (picón).

Las variedades de vid que destacan son listán blanco, bujariego, sabro, verdello y malvasía, entre las blancas, y negramoll y almuñeco, entre las tintas.

La mítica malvasía ha proporcionado gran fama a los vinos canarios; es la cepa de elegantísimos, amplios y de inigualable personalidad malvasías secos, así como de los exquisitos y sofisticados malvasías dulces.

Con uvas de listán blanco, sabro y moscatel se elaboran vinos blancos brillantes, aromáticos, muy agradables, frescos y ligeros, de color amarillo paja con tonalidades verdosas, aromas frutales y plenos, y elegantes en boca.

También se producen, aunque en menor medida, rosados y tintos. Estos últimos son de color rojo picota intenso con unos tonos violáceos, de agradable aroma con matices herbáceos, y en boca resultan densos, carnosos y con prolongado posgusto. Por último, los rosados, elaborados de uva negramoll presentan un tono rosa salmón y delicados aromas;

GRADUACIÓN ALCOHÓLICA	
Blancos	11-14,5 % vol.
Rosados	11-13 % vol.
Tintos	12-14 % vol.
Malvasía dulce	15-22 % vol.
Malvasía seco	14-16 % vol.

frescos y con tenue gusto de almendrado, son vinos alegres, ligeros y agradables.

En los vinos que se sometan a crianza por añadas (sistema mixto madera-botella), esta dura un periodo mínimo de dos años, de los cuales al menos seis meses se efectúan en envases de roble de 1.000 l de capacidad máxima.

D.O. Penedès

Agrupa 47 municipios del sur de la provincia de Barcelona y 16 del noroeste de Tarragona. Son un total de 28.000 ha de viñedo que crecen en un clima de influencia mediterránea, muy variado, que confiere a esta región unas condiciones privilegiadas para producir una amplia gama de vinos de gran finura y calidad.

Los suelos son predominantemente calcáreos y arcillosos.

En el Penedés se cultivan las cepas blancas macabeo, chardonnay, subirat parent, xarel·lo y parellada, y las tintas mazuela, garnacha, samsó, ull de llebre, monastrell y cabernet sauvignon.

La Denominación de Origen Penedès elabora tradicionalmente ligeros vinos blancos, frescos, afrutados y con aromas florales, que constituyen la base de sus cavas, que son los que tienen mayor reputación de España.

En los últimos años, también se han elaborado excelentes tintos, suaves y aterciopelados, complejos y elegantes.

La crianza tiene una duración mínima de seis meses en blancos, rosados y de aguja, y de 15 meses en tintos, con una primera fase en envase de roble complementada posteriormente con otra fase en botella.

GRADUACIÓN ALCOHÓLICA	
Blancos	9-13 % vol.
Rosados	10-13 % vol.
Tintos	10-14 % vol.
Vinos de aguja	10-13 % vol.
Vinos espumosos naturales	10,8-12,8 % vol.

D.O. Plà de Bages

Situada en la provincia de Barcelona, se trata de una zona de antigua tradición vitícola, que abarca unas 500 ha de viñedos, en su mayor parte formados en espalderas, que se sitúan en altitudes de 200 a 300 m sobre el nivel del mar, en terrenos desarrollados a partir de arcillas, margas y gres, que presentan escaso contenido en nutrientes y buenos niveles de caliza activa.

El clima de la comarca es mediterráneo, aunque con rasgos de continentali-

GRADUACIÓN ALCOHÓLICA	
Blancos	mín. 10 % vol.
Rosados	mín. 10,5 % vol.
Tintos	mín. 11,5 % vol.

A CADA PLATO SU VINO

dad debidos a su situación interior y su orografía. Las precipitaciones medias anuales oscilan de 500 a 600 l/m^2, y la temperatura media anual es de 13,5 °C.

Las variedades más cultivadas son las blancas macabaeo, picapoll y chardonnay, y las tintas tempranillo (ull de llebre), cabernet sauvignon y merlot, con las que se elaboran vinos blancos, rosados y tintos.

En los vinos que se someten a crianza, por el proceso mixto de madera y botella, esta dura al menos dos años, con un periodo mínimo de seis meses en envase de madera con 1.000 l de capacidad máxima.

D.O. Priorato

Se ubica en la parte central de la provincia de Tarragona. Comprende 3.700 ha de viñedos cultivados en laderas escarpadas y bancales pizarrosos de escasa fertilidad.

Su clima es netamente continental, templado y seco, con inviernos fríos y veranos calurosos, lo que no permite altos rendimientos.

Las uvas tintas cariñena y garnacha son la base de los clásicos prioratos. De estas dos variedades, sabiamente mezcladas, nacen unos tintos de color granate, de sabor denso y rico, y de intenso aroma.

Hacia finales de los años ochenta, el Priorato sufrió un revolución vitivinícola con el nacimiento de los llamados *nuevos prioratos*, tintos concentrados y robustos, con una poderosa personalidad marcada por la pobreza de la tierra y el clima riguroso.

Entre las cepas blancas, se cultivan en esta zona las siguientes variedades: macabeo, pedro ximénez y garnacha blanca.

GRADUACIÓN ALCOHÓLICA	
Blancos	13,75-18 % vol.
Rosados	13,75-18 % vol.
Tintos	13,75-18 % vol.
Generosos	14-18 % vol.
Rancios	14-20 % vol.

Aparte de los vinos blancos, rosados y tintos, se elaboran también vinos rancios, envejecidos lentamente en toneles, cargados de personalidad y ricos en sensaciones, y generosos dulces y semidulces.

Los tintos de añada sometidos a crianza deben pasar, como mínimo, uno de los dos años de la crianza en envase de roble. La crianza de los rancios se efectúa durante cuatro años, como mínimo, en envase de roble.

D.O. Rías Baixas

Tres comarcas vitivinícolas de la provincia de Pontevedra integran la zona de producción de la Denominación de Origen Rías Baixas, la más emblemática de Galicia: el Valle del Salnés (en la margen izquierda de la ría de Arosa), el Condado del Tea (a lo largo de la ribera derecha del Miño) y El Rosal (en la cuenca más baja del Miño, o Baixo Miño).

En conjunto, sobrepasan en poco las 2.500 ha de suelos graníticos y francoarenosos.

El clima, de influencia atlántica, es suave y se caracteriza por una generosidad pluviométrica sin excesos.

En esta zona se cultivan las variedades blancas albariño, loureira blanca o marqués treixadura, caíño blanco y torrontés, así como las negras caíño tinto, sosón, mencía, espadeiro, loureira tinta y brancellao.

GRADUACIÓN ALCOHÓLICA	
Blanco Rías Baixas albariño (100 % albariño)	mín. 11,3 % vol.
Blanco Rías Baixas salnés (mín. 70 % albariño)	mín. 11 % vol.
Blanco Rías Baixas Condado del Tea (mín. 70 % albariño y treixadura)	mín. 11 % vol.
Blanco Rías Baixas rosal (mín. 70 % albariño y loureira)	mín. 11 % vol.
Blanco Rías Baixas barrica (mín. 70 % uvas blancas preferentes)	mín. 11,5 % vol.
Blanco Rías Baixas (mín. 70 % uvas blancas preferentes)	mín. 11 % vol.
Tinto Rías Baixas	mín. 10 % vol.

El monovarietal albariño, que se elabora en esta denominación de origen, está considerado uno de los mejores y más elegantes vinos blancos del mundo. Es de color amarillo paja con irisaciones doradas, tiene un potentísimo aroma elegantemente afrutado con matices a veces florales, envolvente y sensual. En boca se ofrece amplio, carnoso y jugoso, pleno de sensaciones, muy persistente y con una amplia, elegante, potente y frutosa vía retronasal.

Otras variedades blancas (treixadura, loureiro, torrontes) intervienen junto con la albariño en la elaboración de los vinos no varietales, de gran elegancia y ricos en sensaciones florales.

Los vinos tintos, con escasa representación actualmente, elaborados con caíño, espadeiro y souson, muestran una interesante potencialidad como vinos jóvenes.

D.O. Ribeira Sacra

En el sur de la provincia de Lugo y el norte de la de Orense, a lo largo de las riberas del Miño y del Sil, se suceden una serie de pequeñas comarcas vitivinícolas, que constituyen la Denominación de Origen Ribeira Sacra. Precisamente, en una de estas pequeñas aldeas nació un vino de leyenda, el amandi, que, según la tradición, era ya apreciado por los romanos.

El viñedo, excepto en la subzona de Quiroga, en la que el valle es más abierto, ocupa las abruptas laderas (ribeiras) de los encajados ríos, donde se cultiva en bancales de reducidas dimensiones, muchas veces inverosímiles. Se trata de suelos de reacción ácida y buena fertilidad.

En las 2.250 ha de superficie estimada se cultivan casi todas las variedades autóctonas gallegas con predominio de las tintas, entre las que destaca la excelente mencía, auténtica piedra angular de la viticultura de la Ribeira Sacra; mucho menos extendidas están las variedades brancellao y merenzao. Las cepas blancas, minoritarias, se encuentran representadas por las excelentes godello, treixadura y albariño, entre otras.

Los más celebrados vinos de la zona son los tintos de mencía, jóvenes de color púrpura o granate, de intenso y personal perfume en el que se pueden apreciar aromas de mora y frambuesa. Son caldos bien constituidos, elegantes y ligeros en boca, con acidez y taninos ajustados, frescos y alegres. Los vinos tintos de la zona de Amandi son muy elegantes cuando son jóvenes.

En los blancos aparecen interesantes producciones monovarietales de albariño, godello y treixadura, de intenso y frutal aroma, frescos y sabrosos.

GRADUACIÓN ALCOHÓLICA	
Blanco monovarietal (albariño o godello 100 %)	mín. 11 % vol.
Tinto monovarietal (100 % mencía)	mín. 11 % vol.
Otros blancos o tintos	mín. 10 % vol.

D.O. Ribeiro

Se sitúa en la provincia de Orense, en las riberas del río Miño y sus afluentes Avia y Arnoya, bajo un clima con influencia atlántica, de temperaturas suaves y notable pluviometría.

La capital vinícola e histórica de esta comarca es Ribadavia, antigua ciudad rodeada por más de 3.000 ha de viñedo situadas en los valles de los ríos antes citados y en sus laderas mejor soleadas. Las cepas se elevan para que los frutos no estén en contacto con el suelo, lo cual facilita su maduración y el que se conserven sanos.

Las variedades de cepas más características de esta denominación de origen son treixadura, loureira y torrentés, entre las blancas, y caíño y brancellao, entre las tintas. También se cultivan otras cepas no autóctonas como palomino y garnacha tintorera.

Los tradicionales blancos ribeiro son elegantes, frescos, ligeros, muy aromáticos, de alegre acidez y color pajizo pálido.

Los tintos son vinos de mucha capa, de un color rojo morado muy vivo y de un sabor áspero característico.

GRADUACIÓN ALCOHÓLICA	
Blancos	9-13 % vol.
Tintos	9-12 % vol.

D.O. Ribera del Duero

La Denominación de Origen Ribera del Duero incluye términos municipales de las provincias de Burgos, Soria, Segovia y Valladolid, con un total de 12.000 ha

inscritas de suelos pardos calizos y pardos rojizos, de fácil labranza y muy apropiados para el cultivo de la vid.

El clima es continental, seco y ventoso, con temperaturas moderadas; los inviernos son muy duros, con frecuentes heladas, aunque escasas nevadas.

La variedad tradicional, que supera ampliamente al resto, es la excelente tinto del país, un tipo de tempranillo adaptado al terreno. Otras uvas tintas reconocidas por esta denominación de origen son garnacha, cabernet sauvignon, malbec y merlot. Existe muy poca uva blanca.

Los tintos de Ribera del Duero son vinos ligeros, aromáticos, muy afrutados y de color rojo muy vivo en su juventud. A lo largo de su evolución, que puede llegar a prolongarse durante siete años de crianza, se suavizan convirtiéndose en vinos aterciopelados, ricos en elegantes sensaciones olfativas.

Muy típicos de Ribera del Duero son, también, los rosados (claros), que deben tomarse refrescados; estos vinos son de un color muy atractivo y tienen una graduación alcohólica moderada (que oscila entre los 11° y los 12°).

En los vinos sometidos a crianza esta debe prolongarse por un plazo no inferior a dos años naturales contados a partir del 1 de diciembre del año de la vendimia, de los cuales uno como mínimo se realiza en barrica de roble con capacidad aproximada de 225 l para los tintos, y de seis meses para los rosados.

GRADUACIÓN ALCOHÓLICA

Rosados	mín. 11 % vol.
Tintos	mín. 11,5 % vol.

D.O. Ribera del Guadiana

Se extiende por buena parte de la provincia de Badajoz y por el sureste de la de Cáceres.

Las casi 4.000 ha de viñedo en esta joven denominación de origen, de clima cálido en verano y suave en invierno, se estructuran en seis subzonas vitivinícolas: Cañamero y Montánchez, en Cáceres, y Ribera Alta, Ribera Baja, Tierra de Barros y Matanegra, en Badajoz.

La variedad de uva cultivada más abundante es la blanca autóctona alarije (75 %), seguida de la chelva y la malvar. En tintas predominan la tempranillo y la garnacha.

La Denominación de Origen Ribera del Guadiana elabora vinos blancos (algunos de muy moderna concepción, como los fermentados en barrica), atractivos rosados y tintos, tanto jóvenes como de crianza en barrica de roble. En todos los casos se trata de vinos amplios, suaves, agradablemente cálidos y de moderada acidez, poseedores de aromas muy particulares, lo que les confiere un atractivo sello distintivo.

GRADUACIÓN ALCOHÓLICA

Blancos	mín. 10 % vol.
Rosados	mín. 10 % vol.
Tintos	mín. 11 % vol.

En los vinos que se sometan a crianza, esta tendrá una duración de dos años naturales como mínimo, contados a partir del 1 de diciembre del año de la vendimia, de los cuales al menos seis meses corresponderán al tiempo en el que el vino permanecerá en una barrica de roble de 600 l de capacidad máxima.

D.O. Rioja

La zona de producción de la Denominación de Origen Rioja se extiende a lo largo de 50.000 ha a ambos lados del Ebro, repartidas entre las provincias de Logroño, Álava y Navarra en diversa proporción. Los factores naturales —sobre todo clima y suelo— han determinado la división de La Rioja en tres subzonas:

• *Rioja Alta:* con un clima continental moderado, de influencia cantábrica, el viñedo se extiende sobre terrenos arcillosos calcáreos de topografía suave. Destaca la cepa tempranillo, que proporciona vinos tintos equilibrados, de atractivo color rubí, elegante aroma aterciopelado y sabor añejo a roble.

• *Rioja Baja:* el clima (más seco, de influencia mediterránea) y el suelo arcilloso ferroso favorecen los tintos de garnacha, vinos francos, aromáticos y poco ácidos. Los rosados son extraordinariamente frutales y golosos, se muestran bien equilibrados y están llenos de frescor.

• *Rioja Alavesa:* son tierras accidentadas, calcáreas, muy adecuadas para el cultivo de la vid; los veranos son cortos y los inviernos templados. Esta zona elabora vinos tintos con la tempranillo que, tanto jóvenes (de cosechero) como sometidos a crianza, alcanzan elevados niveles de calidad. Sobre la base tempranillo, con pequeñas y estudiadas proporciones de garnacha, mazuelo y graciano, se elaboran los grandes vinos de crianza, reserva y gran reserva de La Rioja, equiparables en su calidad a los más afamados del mundo.

La duración mínima de los vinos sometidos a crianza es de dos años naturales para los tintos (uno de los cuales habrá de transcurrir en barrica de roble de 225 l de capacidad), y de seis meses, como mínimo, para los blancos y rosados.

GRADUACIÓN ALCOHÓLICA

Blancos y rosados	mín. 10,5 % vol.
Tintos	mín. 11 % vol.
Rioja Alta y Alavesa:	
— Blancos	mín. 10,5 % vol.
— Rosados	mín. 11 % vol.
— Tintos	mín. 11,5 % vol.
Rioja Baja:	
— Blancos	mín. 11 % vol.
— Rosados	mín. 11,5 % vol.
— Tintos	mín. 12 % vol.
Con indicación «Reserva» y «Gran reserva»	
— Blancos y rosados	mín. 11 % vol.
— Tintos	mín. 12 % vol.

D.O. Rueda

Agrupa una superficie de 6.000 ha de viñedo repartidas en 72 municipios de las provincias de Valladolid, Segovia y Ávila, que se asientan sobre suelos arenosos y arcillosos, a una altitud de 700 m.

Los duros inviernos, secos y de elevada insolación, y la escasa pluviometría de la zona originan un rendimiento bajo pero de excelente calidad.

La cepa blanca verdejo, característica de esta zona, es la que imprime la gran personalidad de los vinos, pero también se cultivan las cepas viura y palomino (blancas) y, en menor proporción, las tintas tempranillo y cavernet sauvignon.

Rueda produce unos vinos blancos de fuerte personalidad, no muy secos, suaves y con tradición. Son vinos de color pálido, sutil y finísimo aroma, paladar fresco, amplio, serio y equilibrado, y con un elegante final de boca. Los casi transparentes de la variedad verdejo, si esta está presente en más de un 60 %, obtienen la denominación Rueda Superior.

GRADUACIÓN ALCOHÓLICA	
Rueda	11-14 % vol.
Rueda Superior	11,5-14 % vol.
Rueda espumoso (método tradicional, mín. 85 % verdejo)	11,5-13 % vol.
Pálido Rueda (vino de licor)	mín. 15 % vol.
Dorado Rueda (vino de licor)	mín. 15 % vol.
En ningún caso la representación de las variedades palomino y viura podrá superar, ni individual ni conjuntamente, el 50 % en los vinos protegidos.	

Se han elaborado también tradicionalmente vinos generosos, de crianza biológica con velo de flor en madera de roble y de crianza oxidativa también en envases de madera de roble, vinos que constituyen una auténtica singularidad enológica.

Los vinos de licor se someten a un proceso de envejecimiento y crianza de, al menos, cuatro años de duración, durante los cuales los pálidos deben permanecer en barrica de roble al menos los tres últimos años y los dorados, los dos últimos años, antes de su comercialización.

D.O. Somontano

La Denominación de Origen Somontano se localiza en el centro de la provincia de Huesca y comprende 43 términos municipales con una superficie aproximada de 2.000 ha de viña. El centro de la zona es Barbastro.

Aunque abundan los vientos fríos y secos, en los valles se disfruta de muchas horas de sol que propician una temperatura media de 11 °C. Las precipitaciones anuales oscilan entre los 500 y 600 l/m².

Los suelos son áridos, permeables y calizos, muy convenientes para el cultivo de la vid.

Junto a las cepas garnacha y tempranillo se cultivan las uvas tintas locales moristell y parreleta, y entre las blancas, macabeo, garnacha blanca, alcañón y chardonnay.

Los vinos tintos de Somontano, muy característicos, son francos y elegantes, con una gran estructura y riqueza de matices.

Los blancos son vinos de poco cuerpo, frescos, afrutados y muy pálidos.

Por último, los rosados son frescos, afrutados y sabrosos.

Los vinos que se someten a crianza tienen un periodo mínimo de envejecimiento de dos años naturales en envases de roble de 1.000 l de capacidad máxima.

La crianza de los tintos se realiza por el sistema de añadas (proceso mixto de madera y botella), debiendo permanecer los vinos un periodo mínimo de seis meses en envases de roble.

GRADUACIÓN ALCOHÓLICA	
Blancos	10-13,5 % vol.
Rosados	11-13,5 % vol.
Tintos	11,5-14 % vol.

D.O. Taroconte-Acentejo

Bajo la benigna influencia de los frescos y húmedos alisios del Atlántico, y sobre terrenos que origen volcánico, la Denominación de Origen Tacoronte-Acentejo tiene una superficie inscrita de aproximadamente 1.000 ha de viñedo cultivado en terrenos aterrazados, que se encarama desde casi el borde marino hasta cerca de los 1.000 m de altitud, concentrándose, no obstante, la mayor parte entre los 300 y los 750 m.

Las particulares condiciones naturales y humanas de la zona han producido formas muy originales de cultivo de la vid: plantaciones en líneas muy separadas (de 6 a 8 m) de cepas formadas en rastras que se apoyan en soportes (horquetas) y se extienden ocupando, durante el periodo activo de la planta, toda la superficie de la parcela, para después, una vez efectuada la vendimia, ser recogidas sobre la línea dejando así la parcela libre para cultivos herbáceos, principalmente patatas.

Las variedades blancas autorizadas son moscatel, listán blanca, gual, verdello, malvasía y vijariego, y las tintas son listán negra y negramoll.

Los vinos de Tacoronte-Acentejo gozan desde siempre de un merecido pres-

GRADUACIÓN ALCOHÓLICA	
Blancos jóvenes	10-12,5 % vol.
Blancos macerados tradicionales	12-14 % vol.
Rosados	10,5-13 % vol.
Tintos	12-14,5 % vol.

tigio regional y, últimamente, gracias al desarrollo tecnológico y organizativo de la zona, han adquirido proyección nacional e internacional.

Estos vinos son fundamentalmente tintos jóvenes, muy bien armados en boca y de un carácter aromático y afrutado muy personal. En proporciones más reducidas se elaboran también blancos y rosados, jóvenes, de corte muy actual.

La crianza de los vinos que se someten a ella dura un mínimo de dos años, de los cuales al menos seis meses han de transcurrir en envase de roble de 1.000 l de capacidad máxima.

D.O. Tarragona

Se localiza en la parte central de esta provincia, y cubre aproximadamente 24.000 ha divididas en tres subzonas —Camp de Tarragona, Ribera del Ebro y Falset—, que alternan los suelos de aluvión en los terrenos bajos del Camp de Tarragona y la Ribera del Ebro con los calizos de las laderas y los de origen granítico de Falset.

El clima mediterráneo ofrece unas temperaturas medias de 15 °C, con precipitaciones irregulares que se aproximan a 500 l/m^2 de lluvia anuales.

Entre las cepas que se cultivan predominan las variedades blancas parellada, macabeo, xarel·lo y garnacha blanca, y, en segundo término, las tintas mazuela, ull de llebre y garnacha.

Históricamente, Tarragona ha sido conocida por sus vinos licorosos y sus rancios. Además, la Denominación de Origen goza de una cómoda comercialización de sus blancos para vinos espumosos y sus tintos para *coupage*.

Los vinos blancos de Tarragona son suaves y ligeros, de acidez poco marcada y aroma afrutado.

En Falset, la mezcla de mazuela y garnacha da lugar a vinos tintos robustos, equilibrados y redondos.

En Camp de Tarragona, con ull de llebre, se elaboran vinos ligeros de acidez media y elegantes.

Por último, han cobrado especial protagonismo en la producción vinícola catalana los rosados, vinos excelentes al paladar, finos y elegantes.

En los vinos que se someten a crianza, esta tiene una duración mínima de dos años, de los cuales seis meses, para blancos y rosados, y doce, para tintos, se realiza en envase de roble. La duración mínima de la crianza de los vinos de licor es de dos años naturales en envases de roble, y la de los rancios, de cuatro años contando la fase de madera y también la fase de vidrio.

GRADUACIÓN ALCOHÓLICA

Camp de Tarragona:

— Blancos	11-13 % vol.
— Rosados	11-13 % vol.
— Tintos	11-13 % vol.

Falset:

— Tintos	mín. 13 % vol.
— Tarragona clásico	mín. 13,5 % vol.
— Rancios	mín. 14 % vol.

A CADA PLATO SU VINO

D.O. Terra Alta

Situada al oeste de la provincia de Tarragona, entre el río Ebro y los límites de Zaragoza y Teruel, la Denominación de Origen Terra Alta abarca una superficie de unas 15.000 ha de viñedo.

Es característico de Terra Alta el cultivo en terrazas, en suelos fuertes, profundos y no demasiado permeables.

El clima es mediterráneo, con rasgos de continental; las temperaturas fluctúan entre los –3 °C y los 38 °C, y suelen recogerse 500 l/m² de lluvia anualmente.

Las variedades blancas que se cultivan son garnacha blanca y macabeo, y las tintas, mazuela, garnacha negra y garnacha peluda.

Los vinos tradicionales de esta denominación de origen son los blancos, recios, de alta graduación, amplios y de gran cuerpo.

Los tintos, de menos graduación que los blancos, se elaboran con mezcla de las tres variedades tintas, tienen cuerpo y mucha capa, son un poco ásperos, de color subido, afrutados, de buena estructura.

Los rosados son muy afrutados y de un color cereza característico.

Por último, Terra Alta produce también vinos generosos: dulces y secos, envejecidos en barricas de roble.

La crianza, por añadas, de los tintos dura un mínimo de 14 meses, de los cuales al menos tres se realiza en envases de roble de una capacidad máxima de 1.000 l. Los vinos rancios elaborados a partir de garnacha blanca, tienen un envejecimiento mínimo de cinco años en envase de roble, si son secos, y de dos, en el caso de los abocados dulces.

GRADUACIÓN ALCOHÓLICA	
Blancos	12,5-16 % vol.
Rosados	12-16 % vol.
Tintos	12-15 % vol.
Rancios	máx. 15 % vol.

D.O. Toro

La zona productiva de la Denominación de Origen Toro está ubicada al sureste de la ciudad de Zamora, y se extiende por esta provincia y también por la vecina Valladolid.

Sus aproximadamente 3.000 ha de viñedo se cultivan en suelos profundos, sueltos, a veces pedregosos, de escasa fertilidad y suave topografía, en general.

El clima es continental extremado, con lluvias que alcanzan los 400 l/m² anuales, inviernos muy fríos, veranos secos y calurosos y alta luminosidad.

Se cultivan fundamentalmente las variedades tinta de Toro y garnacha, entre las tintas, y malvasía y verdejo, entre las blancas.

Los vinos que han dado merecida fama a la zona son los tintos: recios, fuertes y vigorosos, con mucho cuerpo y grado; afrutados cuando son jóvenes, adquieren, por medio de una moderada crianza en madera de roble, finura de color, complejidad de nariz y suavidad de boca.

Con la tinta de Toro se elaboran también claretes y rosados.

Los blancos son principalmente de malvasía.

En los vinos sometidos a crianza, la duración mínima de esta es de dos años naturales, de los cuales estarán por lo menos seis meses en envases de madera de roble de 1.000 l de capacidad máxima.

GRADUACIÓN ALCOHÓLICA	
Blancos	11-13 % vol.
Rosados	11-14 % vol.
Tintos (mín. 75 % tinta de Toro)	12,5-15 % vol.

D.O. Txacolí de Bizkaia - Bizkaiko-Txakolina

La superficie de viñedo en esta denominación de origen es sólo de 120 ha, pero se extiende por toda la provincia de Vizcaya y se reparte entre 24 municipios. Sus núcleos principales son la zona de Baquio, en el norte, y los alrededores de Balmaceda, en el oeste.

El clima es típicamente cantábrico: húmedo, con abundante pluviometría (1.100-1.300 l/m² entre 120 y 150 días al año), y temperaturas suaves (con una media anual de 14 °C, aunque, en condiciones de viento del sur, pueden alcanzarse los 40 °C de máxima en verano).

Los suelos son profundos, fértiles, permeables y con un adecuado contenido de caliza.

Imperan las variedades de uva hondarrabi zuri y hondarrabi beltza y, en menor proporción, la folle blanche, aunque también existen novedosas y pequeñas plantaciones experimentales de chardonnay y sauvignon blanc.

La producción fundamental de esta zona son los blancos (85 %), de color pajizo-verdoso, moderada graduación alcohólica (9,5-10°) y aroma floral. No obstante, también se elaboran rosados —conocidos con el nombre de *ojo de gallo*— y tintos.

GRADUACIÓN ALCOHÓLICA	
Blancos	mín. 9,5 % vol.
Rosados	mín. 9,5 % vol.
Tintos	mín. 9,5 % vol.

D.O. Txacolí de Getaria - Getariako-Txakolina

Esta pequeña comarca está situada en la costa de Guipúzcoa, a unos 30 km de San Sebastián, y está integrada por los viñedos de los municipios de Getaria, Zarauz y Aia. En total abarca unas 85 ha de viñedos situados en laderas soleadas, de terrenos bien drenados y resguardadas de los vientos.

El clima es suave, de influencia atlántica, con temperaturas medias elevadas y una alta pluviometría.

A CADA PLATO SU VINO

Las dos variedades autorizadas por el Consejo Regulador para la elaboración del chacolí son la blanca hondarrabi zuri (85-90 %) y la tinta hondarrabi beltza (de escaso color). En las elaboraciones tradicionales del txakolí de Getaria suelen intervenir las dos variedades: la blanca como principal, que le aporta su clásica vivacidad, y la tinta en pequeñas proporciones, que redondea y suaviza el vino.

Los chacolíes de Getaria, tradicionalmente blancos, presentan un aroma muy peculiar, son frescos y tienen una moderada graduación alcohólica (nunca inferior a 9,5°).

GRADUACIÓN ALCOHÓLICA	
Blancos	mín. 9,5 % vol.
Rosados	mín. 9,5 % vol.
Tintos	mín. 9,5 % vol.

D.O. Utiel-Requena

Entre los ríos Turia y Cabriel, en el noroeste de la provincia de Valencia, se extiende la comarca de la Denominación de Origen Utiel-Requena, que ocupa una extensión de 41.000 ha de viñedo cultivado en suelos calizos y calizo-margosos de aluvión.

El clima continental está muy influenciado por la altitud (600-900 m). Las precipitaciones no suelen sobrepasar los 450 l/m².

El 90 % del viñedo de esta denominación de origen corresponde a la variedad bobal (uva tinta de racimo pequeño, compacto y uniforme), pero también se cultivan tempranillo o cencibel y garnacha, entre las tintas, y macabeo, merseguera y tardana, entre las blancas.

GRADUACIÓN ALCOHÓLICA	
Blancos	mín. 10 % vol.
Rosados	mín. 10 % vol.
Tintos	mín. 10 % vol.
Tintos doble pasta	mín. 10 % vol.
Espumosos	mín. 11 % vol.
De aguja	mín. 10 % vol.
Espumosos aromáticos	mín. 7 % vol.
Utiel Requena Superior:	
— Blancos (100 % variedad macabeo)	10,5-12 % vol.
— Rosados (100 % variedad bobal)	10,5-12,5 % vol.
— Tintos (garnacha y tempranillo)	11,5-13,5 % vol.
— Vendimia inicial (blancos, rosados o tintos)	10-11,5 % vol.
— Vinos de crianza	12-13,5 % vol.

Los vinos tintos de Utiel-Requena son de color vivo, ligeros y vigorosos a la vez, equilibrados y de sabroso buqué, con cierta acidez y moderado grado.

Los rosados de esta zona de producción también han alcanzado una merecida fama en los paladares más exigentes. Son equilibrados y de sabroso buqué.

La reglamentación ampara también la elaboración de claretes, blancos, espumosos y de aguja.

En los vinos sometidos a crianza, esta dura un mínimo de dos años naturales en envases de roble. En caso de realizarse por sistema de crianza mixto (roble y botella), un año se efectúa en roble.

D.O. Valdeorras

Esta denominación de origen ocupa parte de los valles de los ríos Sil y Jares, en el nordeste de la provincia de Orense. Se trata de un total de 3.000 ha de viñedos situados sobre suelos pizarrosos en tierras fértiles rojas, en laderas montañosas que adoptan generalmente la forma de terrazas.

El clima es menos húmedo que en el resto de Galicia: se combina la influencia atlántica con elementos continentales, dando lugar a unas condiciones muy adecuadas para el cultivo de calidad: alta luminosidad, temperaturas suaves y bastante generosas, y una media de 800 l/m^2 de lluvia anual.

Las variedades de mayor calidad y prestigio son la godello, entre las blancas, y la mencía, entre las tintas, pero también están autorizadas la palomino (blanca) y las garnacha tintorera, gran negro, maría ardoña y merenzao (tintas).

La godello es una uva que proporciona vinos blancos de muy fino aroma afrutado y floral y excelente estructura en la boca.

Los tintos son vinos recios de color sangre, mucha capa y con un intenso y elegante aroma frutal.

En los vinos sometidos a crianza, la duración media de esta es de dos años naturales, con doce meses en barrica de roble, para los tintos, y seis, para los blancos.

GRADUACIÓN ALCOHÓLICA

Blancos   mín. 9 % vol. (mín. 10° embotellado)

Rosados   mín. 9 % vol. (mín. 10° embotellado)

Tintos   mín. 9 % vol. (mín. 10° embotellado)

D.O. Valdepeñas

Valdepeñas está situada dentro de una zona estepararia de Castilla La Mancha, una de las más secas y áridas de la península ibérica. Los viñedos se extienden sobre unas 30.000 ha asentándose en la llanura y aprovechando a veces la leve inclinación de algunos cerros, a una altura media de 750 m.

El clima es continental, seco, con temperaturas que bajan hasta los −10 °C en invierno y que alcanzan los 40 °C en verano, con lluvias escasas y mucho sol.

A CADA PLATO SU VINO

Las únicas variedades autorizadas en la Denominación de Origen Valdepeñas son la blanca airén (85 % de la producción) y la tinta cencibel.

Con la airén se elaboran vinos blancos francos, de moderada graduación alcohólica, poco ácidos y moderadamente aromáticos.

Los tintos de cencibel, de bella tonalidad rojo rubí claro, son vinos bien armados, finos, muy aromáticos de jóvenes, que combinan perfectamente la suavidad con los caracteres varietales en el momento de madurez exacto; tienen escasa acidez y envejecen bien.

Los claretes típicos de esta zona se obtienen mezclando el mosto blanco de la airén con la cencibel, mezcla de la que surgen unos vinos ligeros, neutros, con un aroma sutil, cuyas cualidades se aprecian mejor durante su juventud. Se trata de unos vinos excelentes para el chateo, por su suavidad y ligereza.

La duración mínima de la crianza de los vinos es de dos años, que se cuentan desde el final de la elaboración; de estos, al menos seis meses han de transcurrir en envases de roble de 1.000 l de capacidad máxima.

GRADUACIÓN ALCOHÓLICA	
Blancos	10-13 % vol.
Rosados	10,5-13 % vol.
Tintos (mín. 75 % cencibel)	11-14 % vol.
Tinto Valdepeñas (claretes o aloque) (mín. 25 % cencibel)	11-13 % vol.

D.O. Valencia

La excelente ubicación geográfica y el formidable clima hacen que la zona de producción de la Denominación de Origen Valencia (unas 17.000 ha) elabore los vinos tintos con más color de todo el Levante español.

La comarca se divide en cuatro subzonas: Valentino (norte de la provincia), Clariano (sur), Alto Turia (nordeste) y Moscatel de Valencia (alrededores de la capital).

El clima es ideal para el cultivo: plenamente mediterráneo, con una temperatura media anual entre 12 °C y 16 °C, y mucha insolación.

Los terrenos van desde el nivel del mar hasta casi los 1.000 m de altitud, y los suelos son variados, alternando calizos y arcillosos, áridos y fértiles.

Las cepas que predominan son las siguientes: la blanca merseguera, en el Alto Turia; malvasía, pedro ximénez y moscatel, en Valentino; tinta monastrell, en Clariano, y moscatel romano, en Moscatel de Valencia.

La producción de vinos es variada. Se elaboran blancos muy aromáticos, frescos y afrutados, de bajo extracto y con una graduación entre 10 y 12°, con un ligero fondo almendrado.

VINOS CON DENOMINACIÓN DE ORIGEN EN ESPAÑA

Los tintos de uva local monastrell son vinos de mucho color, cuerpo y acidez media.

Los rosados de uva bobal últimamente gozan de gran prestigio: son fragantes, afrutados y aromáticos.

Por último, los vinos de licor son dulces, amistelados, y envejecen, a veces, en madera de roble. Los malvasía son de color dorado oscuro; los puerto, de dorado a tinto; los pedro ximénez, muy oscuros; los moscatel, de color ámbar o amarillo oro, y los rancios, secos o dulces, siempre dorados.

La duración mínima de la crianza de los vinos es de dos años en madera de roble, contando a partir del mes de enero siguiente a la vendimia. En el caso de realizarse crianza mixta en roble y en botella, el primer año es de permanencia en roble.

GRADUACIÓN ALCOHÓLICA	
Blancos	mín. 10 % vol.
Rosados	mín. 10,5 % vol.
Tintos	mín. 10,5 % vol.
De licor y rancios	mín. 15 % vol.
Espumosos	mín. 11 % vol.
Alto Turia:	
— Blancos secos	mín. 10 % vol.
Valentino:	
— Blancos	mín. 10 % vol.
— Rosados y tintos	mín. 11 % vol.
— Vinos de licor y rancios	mín. 15 % vol.
Clariano:	
— Blancos	mín. 10 % vol.
— Rosados y tintos	mín. 11 % vol.
Moscatel:	
— Vinos de moscatel dulce	mín. 10 % vol.
— Vinos de licor moscatel (100 % moscatel de Alejandría)	mín. 15 % vol.

D.O. Valle de Güimar

Esta comarca está situada al sureste de la isla de Tenerife, y la superficie de su viñedo es de unas 1.000 ha. La zona desciende desde los 2.000 m de altitud hasta el mar, con una rampa de muy fuerte pendiente en su tramo más elevado, para suavizarse a partir de los 500 m de altitud y terminar en una costa baja, rocosa, con algunas playas en donde aparecen algunos conos volcánicos recientes. El cultivo de la vid se practica en las

GRADUACIÓN ALCOHÓLICA	
Blancos	mín. 10 % vol.
Rosados	mín. 10,5 % vol.
Tintos	mín. 11,5 % vol.
Dulce clásico (100 % malvasía o moscatel)	mín. 15 % vol.
De licor	mín. 15 % vol.

zonas de medianía (de 600 a 800 m), aunque en ocasiones se encarama hasta cotas superiores a los 1.600 m.

Las uvas son predominantemente blancas (listán blanca, malvasía, moscatel, güal y vijariego), y la producción más característica de vinos es la de blancos, de finas y elegantes cualidades.

Los vinos que se someten a crianza, por el proceso mixto de madera y botella, envejecen un mínimo de dos años, de los cuales seis meses han de transcurrir en envases de roble de 1.000 l de capacidad máxima.

D.O. Valle de La Orotava

Esta denominación ocupa el centro de la comarca del mismo nombre, situada en la vertiente septentrional de la cordillera Dorsal de la isla de Tenerife. La comarca ocupa algo menos de 1.000 ha, que van desde la falda del Teide hasta las zonas litorales del norte de la isla. Los municipios de La Orotava, Los Realejos y Puerto de la Cruz constituyen administrativamente la zona de producción de esta denominación de origen.

El clima es dulce y recibe la benigna influencia de los vientos alisios. El paisaje entremezcla armoniosamente el disperso caserío con parcelas de cultivo.

El viñedo se sitúa mayoritariamente en altitudes que van desde los 400 a los 800 m sobre el nivel del mar en zonas llamadas localmente *medianías*, en suelos de rojizo color, sueltos, fértiles, de origen volcánico.

Las aproximadamente 400 ha de vid que se cultivan bajo esta denominación corresponden, fundamentalmente, a las variedades listán blanca y listán negra.

Sus vinos más celebrados son los amplios, tiernos y suaves blancos, característicos de la zona más occidental, y los ligeros y amables tintos, más frecuentes en la oriental.

GRADUACIÓN ALCOHÓLICA	
Blancos	mín. 11 % vol.
Rosados	mín. 11 % vol.
Tintos	mín. 11,5 % vol.
Dulce clásico (100 % malvasía o moscatel) (mín. 45 gr./l. azúcares residuales)	mín. 15 % vol.
De licor	mín. 15 % vol.

En los vinos que se someten a crianza, la duración de esta será de dos años como mínimo, y de estos dos años, durante seis meses, aproximadamente, el vino habrá de estar en envases de madera de roble que tienen una capacidad máxima de 1.000 l.

D.O. Vinos de Madrid

La Denominación de Origen Vinos de Madrid, que ocupa unas 11.500 ha de terreno distribuidas en tres subzonas de antigua tradición vitivinícola:

• Arganda: con 6.400 ha registradas, ocupa más de la mitad del viñedo de esta denominación. El subsuelo es granítico.

• Navalcarnero: de suave relieve, los terrenos son pardos con escasa caliza, permeables y pobres en materia orgánica.

• San Martín de Valdeiglesias: presenta un relieve más movido, con suelos muy arenosos y pobres en caliza.

El clima es, en su conjunto, continental seco, con apenas 400 l/m² de lluvia anual y temperaturas muy extremas.

En la subzona de Arganda predomina la blanca malvar, cepa autóctona de excelente calidad, pero también se cultivan las airén y jaén (blancas) y las tinto fino, cabernet sauvignon y garnacha (negras). En las otras dos subzonas, la variedad principal es la blanca albillo (especialmente, en San Martín de Valdeiglesias); entre las tintas predomina la garnacha (cepa más cultivada en Navalcarnero).

En las tres subzonas se elaboran vinos tintos, rosados y blancos.

Los tintos de San Martín de Valdeiglesias son vinos robustos, ricos en cuerpo y de hermoso color, muy afrutados y sabrosos, baja acidez, cálidos y enérgicos. Los tintos de Navalcarnero presentan rasgos comunes con los anteriores, pero su graduación alcohólica es más moderada. En la subzona de Arganda se producen tintos de bonita línea, moderada graduación y equilibrados, que sometidos a crianza en roble adquieren complejidad y elegancia.

Los blancos más significativos son los de Arganda, pálidos, suaves y de paladar afrutado. En San Martín de Valdeiglesias los blancos «brisados» de albillo tienen una arraigada tradición.

Los rosados de San Martín de Valdeigleisas y Navalcarnero son muy afrutados, de atractivo color, sabrosos, carnosos y con vigor.

En los vinos sometidos a crianza, esta ha de durar un mínimo de dos años naturales tanto para tintos como para rosados y blancos.

GRADUACIÓN ALCOHÓLICA

Subzona de Arganda

Blancos	mín. 10 % vol.
Rosados	mín. 11 % vol.
Tintos	mín. 11,5 % vol.
Espumosos	mín. 11,5 % vol.

Subzona de Navalcarnero

Blancos	mín. 11 % vol.
Rosados	mín. 11,5 % vol.
Tintos	mín. 12 % vol.
Espumosos	mín. 11,5 % vol.

Subzona de San Martín de Valdeiglesias

Blancos	mín. 11 % vol.
Rosados	mín. 11,5 % vol.
Tintos	mín. 12 % vol.
Espumosos	mín. 11,5 % vol.

D.O. Ycoden - Daute - Isora

Esta denominación de origen ocupa el ángulo noroccidental de la isla de Tenerife, por lo que presenta una doble fachada al océano Atlántico.

El viñedo se cultiva en altitudes que van desde los 200 m hasta los 800 m, en parcelas muchas veces abancaladas, por lo accidentado del terreno, con diversos tipos de formación: parrales horizontales o inclinados en la zona más baja, vasos irregulares en los altos y espalderas en las plantaciones modernas.

Los suelos, de origen volcánico antiguo y coloración parda o rojiza, tienen buena fertilidad y drenaje.

El clima es benigno, con temperaturas suaves en invierno y frescas en verano. La comarca disfruta de un aceptable régimen de lluvias, aunque acusa una marcada sequedad estival, atenuada, en buena medida, por la condensación de la humedad atmosférica aportada por los vientos alisios (es la llamada *lluvia horizontal*).

Las variedades autorizadas más extendidas son: listán blanca y listán negra, de las que se obtienen vinos blancos, rosados y tintos jóvenes. En pequeñas cantidades, se cultivan casi todas las variedades canarias.

Los blancos y rosados, de gran interés, son vinos de muy moderna concepción, ligeros, frescos, equilibrados y sabrosos, de una extraordinaria intensidad aromática, muy original y atractiva.

De los tintos hay que decir que son bastante ligeros y perfumados.

Existe una limitada, pero muy interesante, producción de vinos dulces, obtenidos a partir de las variedades malvasía y moscatel.

Los vinos que se someten a crianza por añadas (sistema mixto madera-botella) envejecen en un periodo mínimo de dos años aproximadamente, de los cuales al menos seis meses los vinos tienen que estar en envases de roble de 1.000 l de capacidad máxima.

GRADUACIÓN ALCOHÓLICA	
Blancos	11-14 % vol.
Tintos	12-14 % vol.
Rosados	11,5-14 % vol.
Malvasía clásico (100 % malvasía)	15-22 % vol.

D.O. Yecla

Entre Jumilla y Alicante se localiza la zona protegida por la Denominación de Origen Yecla. El término municipal del mismo nombre está situado a una altitud de 600 m sobre el nivel del mar.

Son un total de 26.500 ha protegidas en una región de clima tan duro como el de Jumilla: veranos muy calurosos y fríos inviernos. Las precipitaciones son muy escasas y la insolación anual es muy alta.

Los terrenos para el cultivo de la vid son pobres, con una gran proporción de tierra caliza, pero permeables.

Su clima mediterráneo y su suelo han dado unas variedades de gran calidad. Se autoriza el cultivo de la tinta monastrell, que ocupa el 80 % del viñedo de Yecla, y la garnacha, así como las blancas merseguera y verdil, muy minoritarias.

En Yecla se producen vinos tintos, de amplia constitución, de color granate rubí, suaves y sabrosos, con aroma intenso y gran personalidad.

En menor medida se elaboran también blancos y rosados, bien constituidos y afrutados.

La duración de la crianza de los vinos que se sometan a ella es de dos años naturales en envases de roble.

GRADUACIÓN ALCOHÓLICA

Yecla-Campo Arriba (100 % monastrell procedente de esta subzona)

— Tintos	14-16 % vol.

Yecla

— Blancos	11,5-13,5 % vol.
— Rosados	11,5-14 % vol.
— Tintos	12-14 % vol.
— Yecla doble pasta	14-16 % vol.

LOS VINOS MÁS ADECUADOS PARA CADA PLATO

Normas generales

Generalmente, vino y gastronomía van unidos. La combinación de ambos ofrece un placer superior al que procuran los dos elementos por separado. El gusto y el aroma del vino refuerzan —o pueden aminorar, si la combinación ha sido desafortunada— el placer de una buena comida.

En cuestión de maridajes, no existen verdades absolutas, porque todo es muy subjetivo y personal. Por ello, la regla básica que conviene seguir es la de «ensayar y recordar». Hay que experimentar y recordar qué combinaciones han gustado mucho y cuáles poco o nada.

Es una cuestión de gusto, de paladar y de educación que, por ello, da lugar a muchos desacuerdos. No obstante, existen combinaciones experimentadas por expertos que pueden servir de orientación.

> El perfecto maridaje entre un plato y un vino se da cuando la persona que los toma encuentra plena satisfacción.

Así, una de las propuestas comunes de la gastronomía es la que propugna la combinación del vino blanco con el pescado y el tinto con la carne. Aunque funciona, tiene sus excepciones (por ejemplo, el atún casa bien con algún tinto, y las aves, con blancos).

Otra de las reglas de oro es la que defiende la combinación de vinos y comidas de una misma región, porque supuestamente ambos elementos han ido evolucionando armoniosamente a lo largo de los años, adaptándose el uno al otro; un ejemplo de ello es el «pescaíto frito» y el fino o la manzanilla.

El orden de servicio de los caldos durante la comida tiene una importancia capital tanto para el sabor del plato como para el propio sabor del vino:

— los vinos secos se servirán antes que los dulces;
— los blancos, antes que los tintos;
— los jóvenes, antes que los viejos;
— los ligeros, antes que los de mayor cuerpo;
— los sencillos, antes que los más prestigiosos.

A CADA PLATO SU VINO

A continuación, se expone una serie de reglas orientativas que conviene seguir para conjuntar las cualidades del vino y de los platos, con el fin de lograr una armonía de sabores:

• Los vinos ligeros son apropiados para comidas ligeras; los vinos vigorosos, para comidas vigorosas.

• Los vinos que se sirven frescos —rosados, blancos secos equilibrados o semidulces, espumosos y tintos ligeros— son los más fáciles de combinar, y armonizan con la mayoría de los platos.

> Generalmente, uno o dos vinos por menú son suficientes. Sólo en grandes ocasiones, en las que se sirven varios platos, deben salir a la mesa tres o cuatro vinos distintos.

• El plato que ha sido cocinado, guisado o flambeado con vino debe servirse con ese mismo caldo.

• Los vinos suaves, como los blancos, por su acidez y excesiva impronta en el paladar, no se adaptan bien a la carne; por ello, nunca deben acompañar la caza o las carnes rojas.

• Los vinos blancos secos suelen asociarse con el pescado y con el marisco.

• Los vinos blancos dulces son especiales para acompañar frutos azucarados y pasteles, y tienen que servirse siempre al final de las comidas.

• Los blancos ligeramente dulces realzan los platos con salsas de crema.

• Los blancos muy aromáticos resultan adecuados para acompañar el queso y los postres.

• Los vinos blancos licorosos casan bien con el foie-gras.

• Los vinos blancos jóvenes afrutados resultan excelentes como aperitivos o vinos de media mañana.

• Los vinos blancos secos con madera están muy indicados en comidas suculentas y fuertes, además de ser excelentes compañeros de los salazones.

• Con las sopas, las ensaladas y los huevos, el vino sólo encaja excepcionalmente (es mejor optar por la sidra o la cerveza); lo mismo ocurre con los helados.

GALLO AL VINO

1 gallo limpio y troceado - 12 cebolletas - 120 g de tocino magro - 1,5 l de buen vino tinto - 1 cucharada de coñac - 2 dientes de ajo - 1 ramillete aromático (apio, perejil, estragón y laurel) - 1 cucharada de harina - 120 g de mantequilla - aceite de oliva virgen - sal - pimienta

Se pelan las cebolletas; aparte, en una cazuela con agua, se hierve el tocino cortado en dados durante unos minutos. Se salpimenta la carne. Se calientan 60 g de mantequilla y una cucharada de aceite en una cazuela, y se doran la cebolleta y el tocino; se reservan. Seguidamente, se pone en la misma cacerola el gallo y se dora bien; luego, se incorporan las cebolletas y el tocino y se mezcla todo. Se calienta el licor, se vierte en la cacerola y se flamea; se añade el vino (hasta cubrir), y se incorporan las hierbas y el ajo machacado. Una vez que ha comenzado a hervir, se baja el fuego y se deja que cueza con la cazuela tapada durante 80 minutos; transcurrido este tiempo, se mezcla en un tazón la mantequilla restante con la harina y con tres cucharadas del fondo de cocción, se vierte esta mezcla en la cazuela, se remueve, se deja 5 minutos más al fuego y se sirve el plato acompañado de dados de picatostes.

Filete de corzo con salsa

4 medallones de filete de corzo - 40 g de mantequilla - 4 rebanadas de pan de molde - 1 cucharada de mostaza - 3 cucharadas de confitura de grosellas - 1 cucharada rasa de harina - 1 cucharada de manteca de cerdo - 1 botella de vino tinto con cuerpo - 1 diente de ajo - hierbas aromáticas (tomillo, perejil y laurel) - 2 manzanas - 1 limón - 1 ramita de grosellas - aceite de oliva virgen - nuez moscada - sal - pimienta

Se ponen los medallones de corzo en una cazuela junto con el ajo partido en láminas, 1 cucharada de aceite, las hierbas aromáticas, el vino y una pizca de pimienta y de nuez moscada; se deja que marine la carne durante 48 horas. Transcurrido este tiempo, se saca la carne del marinado, se seca bien y se dora en una sartén con la manteca de cerdo; se salpimenta y se reserva. En esa misma sartén, junto con el fondo de cocción, se vierte el marinado, y se deja cocer a fuego fuerte hasta que se reduzca a la mitad; se incorpora 1 cucharada de aceite, la mostaza y la harina disuelta en un poco de agua fría, y se deja otros 5 minutos al fuego. Se cuela la salsa, y se bate junto con 20 g de mantequilla y 3 cucharadas de confitura de grosella. Aparte, se pelan y se cortan las manzanas; se ponen en una sartén con 20 g de mantequilla, 1 vaso de agua y el zumo del limón, y se deja que se hagan. Se sirven los medallones sobre rebanadas de pan tostado, cubiertos con la salsa y decorados con las grosellas y las manzanas.

ESCALOPES MARINADOS

4 filetes de ternera - 3 cucharadas de alcaparras en vinagre - sal - pimienta blanca - 2 dientes de ajo - 1/2 vaso de vino blanco seco - perejil - 3 cucharadas de aceite de oliva virgen

Se doran los escalopes en la sartén con 3 cucharadas de aceite, se salpimentan y se reservan. Se pasa el ajo por la sartén (en el mismo aceite en el que se ha hecho la carne) y se retira; se incorporan ahora a la sartén 3 cucharadas de alcaparras bien escurridas, se riega con el vino y se deja al fuego para que este se evapore lentamente. Se introducen los filetes en esta salsa, se dejan 5 minutos al fuego y se sirven espolvoreados con el perejil bien picado.

ASADO RELLENO AL VINO TINTO

1 solomillo de ternera - 20 nueces - 200 g de gorgonzola - tomillo - mejorana - estragón - caldo de carne - 2 vasos de vino tinto - 200 ml de nata líquida - sal - pimienta

Se ata la ternera de forma que al cortar las lonchas resulten regulares, y se introduce en el horno durante media hora para que se dore por todas partes. Mientras tanto, se majan en el mortero las nueces y el gorgonzola hasta obtener una pasta homogénea. Se saca el asado del horno y se deja enfriar; luego, se corta en lonchas más bien gruesas, pero con mucho cuidado para que queden unidas por la parte inferior. Se unta cada loncha con la pasta de queso y nueces, y se vuelven a unir, atándolas en sentido horizontal para que no se vean los cortes. Se coloca el asado en una cazuela, y se añade el vino, la mejorana, el tomillo y el estragón majados; una vez que el vino se ha evaporado, se agrega un poco de caldo de carne y se prosigue la cocción; al final, se mezcla el caldo resultante con la nata, se vierte sobre el asado y se sirve bien caliente.

Normas generales

LOS ESPUMOSOS

Por acompañar muy bien a casi todos los platos, un vino espumoso puede ser el único que se sirva durante toda la comida.

• Tradicionalmente, los tintos nunca se han recomendado con los pescados y mariscos, pero cada vez se observa con más frecuencia cómo muchos comensales solicitan vinos tintos para acompañarlos, sin que esto desdiga nada de su sabor.

• Con la carne de buey y los platos de caza debe elegirse un vino tinto vigoroso, joven o maduro.

• Los vinos tintos con alta acidez y mucho cuerpo maridan muy bien con carnes rojas a la parrilla, legumbres y algunos quesos.

• Los alimentos que estén sazonados con vinagre, cebolla, ajo, curry o mostaza son difíciles de emparejar. Para estos platos hay que escoger vinos muy fuertes que sean capaces de dominar su gusto.

- Los vinos dulces son muy aptos para acompañar platos muy sofisticados: delicados foies, quesos azules de aroma muy intenso, etc.

- Los postres, aunque pueden servirse perfectamente sin vino, se pueden acompañar de un vino dulce —como un oporto o un madeira—, si son postres de chocolate, o un blanco de dulzor noble, si son de fruta.

- El fino acompaña muy bien a todo tipo de aperitivos y tapas, aunque su verdadero compañero es el jamón.

- El amontillado resulta adecuado para quesos curados, pescados azules y carnes blancas.

- El vino manzanilla acompaña bien a tapas y aperitivos, especialmente de gambas.

- Los vinos olorosos se pueden tomar en el desayuno (con un café con churros, por ejemplo) y como aperitivo.

- El vino dulce moscatel es un extraordinario vino de postre que armoniza especialmente bien con los postres elaborados con miel, huevos y almendras (turrones, yemas, etc.).

- Los vinos dulces pedro ximénez son vinos de postre muy adecuados para cerrar una buena comida.

DIFÍCILES DE COMBINAR

Hay alimentos muy difíciles de combinar con el vino. Las alcachofas, por ejemplo, segregan una sustancia (la cinarina) que da al vino un gusto metálico y algo amargo. La combinación también resulta complicada con los espárragos. Por ello, se aconseja beber agua, aunque hay quien recomienda un amontillado u oloroso.

Aperitivos y entremeses

A pesar de la creciente moda de tomar cócteles u otras bebidas alcohólicas, el vino es el mejor aperitivo que existe, porque predispone al organismo para tomar la comida, debido a su limitada proporción de azúcares y alcohol. Existe una extensa gama de vinos para este fin, pero los más adecuados son los jóvenes frescos y afrutados y los espumosos, por sus características organolépticas.

Los vinos más clásicos como aperitivo desde siempre han sido los generosos secos (jerez, manzanilla, montilla y oporto secos); pero también los vinos secos blancos, de suficiente personalidad, aroma y sabor, constituyen excelentes aperitivos.

Asimismo, un rosado joven resulta apropiado para los aperitivos, especialmente los más «fuertes», como las croquetas, el jamón ibérico, etc.

Los vinos blancos, de color pálido, sabor ligero y frescor ácido, que se beben fríos, pueden servirse solos, como aperitivos, especialmente los más suaves y aromáticos, porque ayudan a la secreción de saliva y a una mejor digestión de la comida.

Por último, como ya se ha apuntado, el champán (servido a 4-6 °C) y el cava brut, seco (a 6-8 °C) o semiseco (a 5-6 °C) también resultan excelentes como aperitivo, siempre que sean de muy buena calidad.

> Hay que evitar siempre recurrir durante el aperitivo a un vino dulce, porque su gusto azucarado atrofia las papilas gustativas y corta el apetito.

Los vinos para acompañar a los entremeses son casi siempre blancos secos, jóvenes y con brío, como, por ejemplo, el chablis y el chardonnay franceses.

Combinaciones

El mejor acompañante de un aperitivo de marisco, pescado y crustáceos (camarones, mejillones, pulpo, gambas, ostras, almejas, berberechos, etc.) será un vino blanco ligero y muy seco: por ejemplo, un Condado do Tea de Rías Baixas, un albariño, un chacolí seco, un ribeiro blanco o un blanco de Rueda; si se prefiere un vino extranjero, el chablis francés resulta excelente. Un vino generoso, como un condado pálido, fino de Jerez o manzanilla de Sanlúcar de Barrameda, también resulta adecuado.

Si el menú del aperitivo está integrado por tapas más consistentes, como callos, pescado frito, gambas y croquetas, o bien por embutidos, bacon, salchichas y albóndigas, se puede optar por un Montilla-Moriles amontillado o un rosado suave, vivo y alegre, como un Yecla, un Valencia o un Navarra, servidos a 10-12 °C.

Si se ha recurrido a los canapés de salmón ahumado, caviar, espárragos, paté a las finas hierbas, queso brie y queso bavaria, todo ello acompañado por tostadas y mantequilla, la mejor elección será el jerez fino o amontillado seco, porque marida bien con quesos y patés sin verse apagado por los ahumados y los espárragos, difíciles de combinar. No obstante, también se puede recurrir a un blanco seco, como un Condado do Tea, un oporto seco blanco o un cava brut nature (este último se hace imprescindible con los aperitivos formados por avellanas, almendras, nueces y otros frutos secos).

Unos entremeses elaborados con distintos embutidos y fiambres requieren un vino blanco seco tipo Penedès, Alella joven, Costers del Segre raimat, albariño, Condado do Tea de Rías Baixas, Ribeiro, Valdeorras o Valencia.

La chacinería española, de vasta tradición, incluye productos de gran esplendor como los fuets catalanes, los chorizos de jabalí gerundenses, el salchichón de

Vic, las sobrasadas mallorquinas, la longaniza seca de Monreal (Aragón), las chistorras navarras, el chorizo pamplonica o los castellanoleoneses (cular, salmantino, cantimpalo de Segovia, chorizo burgalés de Villarcayo, zamorano, etc.), el botillo leonés, el morcón extremeño, etc. Todos estos embutidos armonizan perfectamente sus matices especiados con el punzante aroma de los finos jerezanos. Son una buena alternativa los rosados muy afrutados y los tintos jóvenes (tempranillos del Penedès o de La Rioja).

Si los entremeses tienen un sabor muy pronunciado y picante será adecuado un vino rosado, un tinto ligero, joven, o un blanco de uva palomino (fino, manzanilla o Moriles-Montilla).

Si el plato cuenta con embutidos fuertes o picantes, como un jamón ibérico o un chorizo de Cantimpalo, conviene optar por un rosado seco del Ampurdán-Costa Brava —uno de los mejores rosados españoles, aromático y ligeramente ácido—, de Navarra, de la Ribera del Duero o de Alicante —suaves y ligeros—, o bien por un rosado más vigoroso de Yecla. También son apropiados los tintos ligeros y jóvenes del Penedès, Tarragona, Ampurdán-Costa Brava, Conca de Barberà, La Mancha, Ribeiro, Ribera del Duero, Rioja, Valencia y Valdeorras.

> Para los entremeses, el vino siempre tiene que ser fresco, fácil de beber, no demasiado comprometido ni vinculante, es decir, sin demasiado cuerpo, porque los entremeses constituyen una pequeña ración de comida que estimula el apetito y que predispone al estómago a recibir los siguientes elementos del menú. En consecuencia, el vino debe desempeñar el papel de preludio.

Cada vez resulta más frecuente degustar un vino espumoso con los entremeses, incluso el mismo que se ha servido en el aperitivo. El cava es una elección excelente, sobre todo si se trata de unos entremeses elaborados con pescado poco condimentado.

Los entremeses de mariscos y crustáceos pueden acompañarse con un vino blanco seco, nunca un vino de mesa rutinario, porque empobrecería el valor de las ostras, la langosta y los distintos frutos del mar.

En resumen, para los entremeses ligeros (pescados, jamón en dulce, huevos y patés) los blancos secos de 10 a 12° servidos a 8-10 °C son los más recomendables: Penedès, Alella joven, Costers del Segre, albariño o Condado do Tea, Rías Baixas, Ribeiro, Valencia, Valdepeñas. En caso de entremeses compuestos por marisco y crustáceos, los blancos secos aromáticos de 11-14°, servidos a 8-10 °C: Penedès, albariño, La Mancha, Ribeiro, Rueda, Alella joven, Ribera del Duero, Rioja, Tarragona y Terra Alta. Otra posibilidad es el cava, brut nature, brut o seco, servido a 3-6 °C. Si el plato contiene fiambres de pollo, ternera, embutidos y patés pueden servirse vinos blancos semisecos o ligeramente abocados a 8-12 °C: Penedès. Si se incluyen ahumados, se recomienda un blanco seco envejecido, como un Rioja Alta, un Alella o un Terra Alta servidos a 8 °C, o un cava. Los entremeses de jamón ibérico, lomo embuchado, salchichón, chorizo, salchichas y croquetas casan bien tanto con un rosado seco de 11-14°, servido a 13 °C

A CADA PLATO SU VINO

(Campo de Borja, Ampurdán-Costa Brava, Somontano), como con un clarete (Utiel-Requena, Valdepeñas) o un Montilla-Moriles amontillado servidos a 9 °C. Los tintos recomendados deben ser de poco cuerpo y situarse entre 11 y 13° (Rioja Alta o La Mancha).

VINOS PARA APERITIVOS Y ENTREMESES

Blancos secos

Tintos ligeros

Generosos secos

Rosado joven

Cava

Sopas y cremas

El principal problema que se plantea a la hora de maridar sopas y vinos es el de la temperatura. Así, si se pretende tomar una sopa muy caliente, la mejor solución es no acompañarla de ningún vino. No obstante, es posible encontrar pautas sobre qué vinos armonizan con las distintas sopas, siempre que se tomen a una temperatura moderada.

En general, las sopas requieren casi siempre un vino blanco seco tipo Alella, La Mancha, Rioja, Rueda o Valdepeñas, que suelen tener cuerpo, o los amontillados.

Las bullabesas (sazonadas con especias fuertes) y las sopas de pescado combinan bien con blancos muy secos (Penedès) y rosados. También ciertos tintos del Penedès con aroma mediterráneo resultan adecuados. Asimismo, tanto las sopas como las cremas frías de pescado armonizan perfectamente con un Ribeiro.

Los purés y cremas suelen combinarse con un blanco con cuerpo; si se trata de guisantes, calabacines, espinacas o zanahorias, el vino debe ser joven y ligero.

Los vinos blancos muy secos están indicados para las cremas espesas y los consomés. Si se trata de cremas de ave y champiñones, un vino blanco perfumado o un excelente rosado estarán bien.

El jerez o el vino de Montilla-Moriles fino o amontillado a menudo se utilizan en la elaboración de consomés, gazpachos, sopas y cremas, a los que otorgan aroma y sabor, y se convierten en su mejor acompañamiento a la hora de servirlos, porque mantienen la armonía de sabores.

Las cremas de melón o de espárragos son muy difíciles de emparejar, porque los sabores de estos alimentos resultan casi incompatibles con el

A CADA PLATO SU VINO

sabor del vino; no obstante, un recurso que no falla es la combinación con un fino o amontillado de Jerez o de Montilla-Moriles.

Combinaciones

Una sopa de cebolla gratinada se puede acompañar de un jerez fino o amontillado servido a 8 °C o de un rosado de Navarra o de Yecla servido a 10 °C.

A la crema de calabacín le van bien los blancos del Penedès, La Mancha o Valdepeñas servidos a 10 °C.

El hojaldre de crema y espinacas pide un blanco con cuerpo, por ejemplo, de Alella, servido a 10 °C o un clarete de Tarragona, servido a 18 °C.

Para la vichyssoise se recomienda un blanco suave del Penedès o La Rioja servido a 10 °C.

VINOS PARA SOPAS Y CREMAS

Amontillados

Blancos muy secos

Blancos criados en madera

Blancos jóvenes y afrutados

Rosados

Claretes

Cavas

Ensaladas y verduras

Hay muchas ensaladas que no admiten ningún vino; es lo que ocurre con las ensaladas con aliño de vinagre o de limón, que pueden tomarse con agua (mejor, si tiene gas) o, con un vino dulce que suavice su acidez. El jerez puede acompañarlas si se aliñan con el excelente vinagre de jerez.

EL VINAGRE

El vinagre es un ingrediente que resulta prácticamente imposible de combinar con el vino. Por ello, en las ensaladas, se puede recurrir al siguiente truco: sustituirlo por vino propiamente dicho o por un aceite de nuez o de avellana.

La sal es un potenciador de sabores que, empleada discretamente, resalta las buenas propiedades del plato y del vino que lo acompaña, pero utilizada con exageración subraya, en cambio, sus aspectos negativos. Por ello, un exceso de sal en una comida no puede suavizarse ni con dulzor ni con acidez (en todo caso, con frío); de ahí que las ensaladas con mucha sal deban servirse con una cerveza muy fría o con un vino espumoso frío de sabor lo más neutro posible.

Cuando la ensalada no está aliñada con vinagre o limón resulta más fácil de maridar con un vino que potencie sus sabores, aunque siempre se tratará de un caldo no demasiado vinculante ni importante.

LOS CUATRO SABORES FUNDAMENTALES

Lo salado refuerza lo amargo.
Lo amargo atenúa lo ácido.
Lo dulce suaviza lo ácido, lo amargo y lo salado.

La ensalada suele presentarse como entrante del menú, por lo que es recomendable ofrecer antes un vino de aperitivo, como un cava brut, que se puede seguir bebiendo con este plato. Una alternativa excelente la constituye un rosado alegre y joven (por ejemplo, de Navarra, Valencia, Rioja o Ribera del Duero).

A menudo, las ensaladas se sirven como guarnición o complemento de otro plato principal. En estas ocasiones, el vino debe elegirse en función del ingrediente fundamental del plato.

En general, el vino no simpatiza demasiado con todas las verduras. El ajo, la cebolla, los pepinos, los espárragos y las alcachofas (especialmente si se acompañan de salsas agrias) dificultan su cata. Por ello, no conviene descorchar un vino de muy buena calidad ante platos elaborados con estos ingredientes. Se recomiendan como acompañamiento los tintos ligeros, los rosados y los claretes.

BLANCOS Y VERDURAS

En general, con las verduras se puede optar por un vino blanco, joven o de crianza, porque los taninos del tinto no resultan adecuados.

Uno de los platos más sabrosos y típicos de la dieta mediterránea es la menestra de verduras, cuyo acompañamiento se ve dificultado cuando entre sus ingredientes se incluyen los espárragos; se recomienda servir con espumosos naturales o tintos afrutados. Si va acompañada de legumbres y carne de cerdo, es necesario un vino más fuerte: un rosado o un clarete, e incluso un tinto joven.

En el caso de verduras cocinadas en salsa, esta es el factor determinante a la hora de escoger el vino. Así, por ejemplo, ante unas berenjenas al queso, el caldo escogido dependerá del queso utilizado.

Combinaciones

Una ensalada de endibias con marisco puede servirse con un albariño o un ribeiro blanco, y una ensalada de pimientos asados y huevos fritos, con un tinto joven.

Para unos corazones de alcachofa con salsa bearnesa resulta adecuado un vino rosado suave del Penedès servido a 13 °C, un rosado suave de Navarra servido a 13 °C o un tinto joven de la Ribera del Duero servido a 18 °C.

La tarta de espinacas y berenjenas puede acompañarse de un rosado franco de Almansa servido a 15 °C, un tinto de Valdepeñas o un tinto seco de La Mancha servidos a 18 °C.

VINOS PARA ENSALADAS Y VERDURAS

Blancos secos
Rosados jóvenes
Tintos ligeros
Claretes
Cavas

Pastas, arroces y legumbres

Las pastas constituyen un apartado especial por la variedad de formas y colores que presentan: las hay largas y delgadas, gruesas y anchas, cuadradas y redondas, de harina, sémola, huevos, espinacas…

En general, macarrones, espaguetis, fideos, lasañas, canelones, raviolis, etc., combinan bien con multitud de ingredientes, desde la verdura hasta el marisco, pasando por la carne o el pescado y las setas y la casquería. Debido a esta gran variedad, el maridaje entre la pasta y los vinos viene determinado no por la pasta propiamente dicha, sino por el condimento que la acompaña, aunque en general los tintos ligeros, los blancos con cuerpo, los rosados y los claretes jóvenes, por ejemplo de Navarra, Valencia, Rioja y Ribera del Duero, combinan siempre muy bien.

UNA PROPUESTA ORIGINAL

Los blancos secos de moscatel constituyen un acompañamiento novedoso pero adecuado para todo tipo de pastas.

Los raviolis, lasañas y canelones rellenos de carne o guisados con carne y salsas de queso requieren un vino seco de medio cuerpo: si se opta por un rosado, resultan excelentes los del Ampurdán-Costa Brava —aromáticos y un poco ácidos—, los de Alicante —más robustos— o los de Yecla, Jumilla, Rioja y Campo de Borja, gratos y equilibrados, así como los de Navarra y de Utiel-Requena. Pero si en lugar de un rosado la elección recae sobre un tinto, este debe ser joven, aromático y ligero de cuerpo —como los del Ampurdán-Costa Brava—, astringentes y con brío —Costers del Segre, equilibrados y aromáticos, o los de Alicante, Almansa, La Mancha, Ribera del Duero, Ribeiro, Rioja, Tarragona y Valdepeñas.

Si la pasta está condimentada con salsa elaborada con algún animal de caza (por ejemplo, fideos con liebre), conviene elegir vinos más perfectos, generosos, de crianza y de añada, sin temor a pecar de exagerados. Es un hábito arraigado reservar celosamente ciertos vinos importantes en espera de ocasiones tan especiales y solemnes que acaban por dormir en la bodega demasiado tiempo, lo que

A CADA PLATO SU VINO

TINTO DE PRIMERO

Si se sirve un vino tinto con el primer plato, puede plantearse un problema cuando el segundo está constituido por pescado, pero la solución es fácil: hay que intercambiar el orden, es decir, servir primero el pescado y, después, la pasta.

---

llega a perjudicar su calidad. Con un primer plato de pasta de este tipo no está mal recurrir a un gran vino.

Si el condimento de la pasta está compuesto por pescado —por ejemplo, un arroz con salsa de gambas— resulta indicado un vino blanco señorial, bien estructurado y redondo.

Una receta de pasta con verduras (guisantes, calabacines o espinacas) debe acompañarse con un vino joven y ligero.

El sabor de la pasta con salsas de crema de leche o de avellana se ve realzado con un Chardonnay u otro vino blanco seco del mismo estilo: Alella, Rueda, Valdepeñas, La Mancha, Rioja, Terra Alta.

Por su parte, las menestras de legumbres, que a menudo suelen mezclarse con pasta e, incluso, con carne de cerdo (es el caso, por ejemplo, de la escudella catalana), requieren vinos más consistentes, como un rosado de carácter (Navarra, Valencia, Rioja, Ribera del Duero) o un vino tinto joven pero con cuerpo, dotado de viveza y firmeza. En este caso, los vinos tintos deben servirse a una temperatura ligeramente inferior a la que se aconseja normalmente. Son tintos adecuados

para este tipo de platos los del Ampurdán-Costa Brava, los de las comarcas de Falset y Ribera d'Ebre de Tarragona, Priorato, Ribeiro, Costers del Segre, Ribera del Duero, Alicante, Almansa, Jumilla, Rioja, Valdepeñas, Yecla y La Mancha.

> **ARMONÍA GLOBAL**
>
> La elección del vino para un plato está condicionada por el plato que se sirve a continuación, porque se trata de conseguir un todo armónico.
> Conviene recordar, además, que durante la comida va disminuyendo la capacidad sensorial del comensal; de ahí que tanto los vinos como las comidas servidos en primer lugar sean más ligeros, para ir progresivamente aumentando la fuerza y vigor de los platos y, paralelamente, de las bebidas.

El arroz, manjar versátil y acomodaticio como ningún otro, se cocina en España de numerosas formas: con salmón en Santander, en cazuela con pata de cerdo en Zamora, con bacalao y judías blancas en Castellón, con habas en Murcia, con alubias y nabos en Tarragona, con tinta de sepia en Gerona, etc., sin olvidar la reina de todas estas fórmulas: la paella valenciana. Para todas estas elaboraciones, el vino que mejor combinará será un rosado fresco y afrutado de garnacha, tempranillo, cabernet sauvignon o merlot.

Los arroces guisados con pescado, como el *arròs de peix*, mal llamado *paella de pescado y marisco*, requieren un blanco seco, algo robusto y envejecido, aunque también un blanco abocado acompaña bien. Destacan los del Penedès, Rioja, Alella Blanco Clásico, Terra Alta, Alicante y Valencia.

En cambio, los arroces con carne, caza o pollo (es decir, la típica paella valenciana confeccionada con pollo y conejo) necesitan como mínimo un rosado y muchas veces un tinto con cuerpo (Ampurdán-Costa Brava, Almansa, La Mancha, Campo de Borja, Cariñena, Jumilla, Méntrida, Penedès, Ribera del Duero, Rioja, Tarragona, Valdeorras, Valdepeñas, Valencia o Yecla).

ARROZ Y CAVA

Al horno, en cazuela, caldoso, en *risotto* o en paella, el arroz encuentra un sugerente acompañante en el cava.

Combinaciones

Los macarrones con tomate y los espaguetis al pesto o con gorgonzola necesitan un rosado afrutado y alegre, como los del Ampurdán-Costa Brava, Conca de Barberà, Terra Alta, Penedès, Tarragona, Navarra, Rioja, Somontano.

La lasaña de espárragos se puede acompañar con un Chardonnay, un vino francés blanco seco servido a 6 °C, o con un fino o amontillado de Jerez o de Montilla-Moriles servido a 8-10 °C.

El cocido de alubias marida muy bien con un rosado de Alicante servido a 9 °C o un tinto o clarete de Jumilla servido a 13 °C.

Como acompañamiento de las lentejas con chorizo no hay nada como un tinto de Rioja, Priorato, Almansa o La Mancha, servido a 13 °C.

El vino más adecuado para el arroz al horno con pollo y gambas es un Condado de Huelva blanco servido a 10 °C, pero también combinan perfectamente un rosado del Ampurdán-Costa Brava servido a 12 °C o un cava seco servido a 6-8 °C.

El arroz negro puede acompañarse de un rosado del Ampurdán-Costa Brava, Conca de Barberà, Valencia o Penedès, servido a 9 °C, o un tinto joven y ligero, como los del Penedès, Tarragona y Ampurdán-Costa Brava, Rioja, servidos a 16 °C. Para el timbal de arroz con carne picada y setas se recomienda un tinto del Priorato o de Valdepeñas servido a 16 °C.

VINOS PARA PASTAS, LEGUMBRES Y ARROCES

Rosados

Claretes jóvenes

Blancos con cuerpo

Blancos secos

Tintos ligeros

Cavas

Carnes y volatería

Por regla general, el vino tinto está indicado para todas las carnes; así lo dice una de las reglas de oro de los maridajes clásicos: «Tinto para la carne y blanco para el pescado». Así pues, en este capítulo la habilidad del anfitrión residirá en elegir con acierto el tinto especialmente adecuado para el tipo de carne que se va a degustar, teniendo en cuenta la intensidad de los sabores.

> No hay que olvidar que cuanto más fuerte sea el plato, más fuerte debe ser el vino.

Con la carne de ternera se aceptan los vinos blancos y rosados, como el rosado del Ampurdán-Costa Brava, fresco, afrutado, ligeramente ácido y lleno de reflejos color cereza y oro, o los rosados de Utiel-Requena, equilibrados y de sabroso buqué, sin olvidar los de Alicante, Campo de Borja, Jumilla, Navarra, Rioja, Ribera del Duero y Yecla.

La ternera a la brasa y la carne de pollo combinan muy bien con vinos blancos criados en madera como, por ejemplo, los del Penedès, Navarra, Somontano, Rioja o Costers del Segre.

> **COCHINILLO**
>
> La perfumada grasa del cochinillo pide un buen tinto de cierto grado alcohólico, cargado de color y taninos; el mejor, un gran reserva.

Aunque el cerdo se incluye dentro de la categoría de carnes blancas, los platos que se cocinan con esta carne suelen ser muy grasientos, por lo que requieren tintos muy secos, de mucha capa y cuerpo, para que puedan destacar sobre el sabor corpulento y persistente de la carne. Se aconseja recurrir, por ejemplo, a los tintos secos de Cariñena (cálidos, redondos y algo ásperos), los tintos de Toro (vigorosos y de mucho cuerpo), o los de Alicante, Almansa, Yecla, Jumilla,

A CADA PLATO SU VINO

Campo de Borja, Méntrida y Priorato. También puede combinarse con rosados, como los de Navarra, Valencia, Rioja, Ribera del Duero.

La grasienta carne del cordero asado se complementa perfectamente con un tinto de Jumilla, un Rioja o un Ribera del Duero.

> Para que la combinación de la carne con el vino sea un éxito, la calidad de ambos elementos debe ser similar. Las carnes muy ricas y que han sido convenientemente aderezadas necesitan vinos con cuerpo, envejecidos de una forma adecuada.

Con la volatería, simplemente hervida o acompañada de salsas ligeras, son necesarios vinos claros, que se beban fácilmente. Elegantes, frescos y suaves, están indicados, por ejemplo, los tintos de este tipo de La Mancha, Ampurdán-Costa Brava, Ribeiro, Valdepeñas, Badajoz, Valencia, Penedès, Conca de Barberà, Costers del Segre o Monterrei, y los tintos jóvenes y ligeros de Rioja, sobre todo de La Rioja Alavesa, de Ribera del Duero y Somontano.

> Conviene recordar que durante la degustación de un plato concreto no es conveniente cambiar el tipo de vino.

La volatería grasa, como el pato, sobre todo si se acompaña de salsas fuertes de color, requiere vinos tintos de calidad, bien estructurados, tipo Rioja, Ribera del Duero, Utiel-Requena, Campo de Borja o Somontano.

Para la carne a la parrilla y los estofados en general son excelentes los tintos de Navarra de la Ribera Baja. Con los filetes de ternera o de novillo, uno de estos tintos es muy adecuado, aunque un Rioja, siempre y cuando no tenga más de dos años de crianza, también es un acierto.

> **CALLOS Y CARACOLES**
>
> Los callos y los caracoles requieren vinos blancos sencillos, rosados de calidad o tintos ligeros. Resultan excelentes los de La Mancha, Valdepeñas, Navarra o Ampurdán-Costa Brava.

Un capítulo muy importante dentro de la gastronomía es el constituido por la caza. Existen dos tipos de caza: la menor y la mayor (o de pelo). Una vez más, en este caso también es necesario adaptar la intensidad del sabor del plato a la estructura del vino. Los grandes vinos tintos casan bien con ambas categorías, pero conviene reservar los más robustos para la caza mayor y la caza menor más sabrosa.

La caza menor se divide en tres grupos:

— tordos, codornices, becahigos y tórtolas: requieren vinos tintos de cuerpo, medianamente envejecidos, de perfume claro y delicado y de sabor seco y armónico;
— perdices, pitorras, pardillos y similares: requieren vinos tintos más envejecidos, con un aroma más intenso y un gusto más firme y resuelto para cubrir el olor salvaje de la carne;
— faisanes, pavos y ánades (como el pato): requieren grandes vinos tintos bien envejecidos, de textura consistente y robusta.

Para la caza mayor se reservan los vinos de finísimo buqué —es decir, los de reserva y de añada, como los de La Rioja, o vinos tintos contundentes y de grado alcohólico generoso.

En resumen, las carnes rojas y las aves de caza requieren vinos tintos ligeros o vinos tintos de reserva. Si se trata de asados de buey o vaca, lo mejor será optar por un tinto maduro; en cambio, los asados de carne blanca combinan mejor con vinos blancos y secos, con vigor. A la carne de ave, ternera y cerdo le van bien los blancos secos, semisecos y dulces, así como los tintos jóvenes ligeros o maduros de peso medio. Con la carne de buey debe elegirse un vino tinto vigoroso, joven o maduro. Los tintos de más cuerpo y taninos firmes se dejarán para las carnes de vacuno, las carnes negras y las aves de caza condimentada. Determinadas especies de caza de pluma, como la becada o la paloma torcaz, requieren tintos maduros. Por último, los cavas y champanes combinan a la perfección con los grandes asados y platos de caza.

Combinaciones

El lacón con grelos casa perfectamente con el Amandi, el Rubiós o el Barrantes, vinos gallegos de 10° y fuerte sabor.

Los dados de carne de buey con pimientos piden un tinto con cuerpo, mejor si es de crianza, como los tintos del Campo de Borja o Méntrida, servidos a 18 °C.

Para acompañar unos callos a la madrileña resulta perfecto un tinto ligero de Valdepeñas o de Valencia, servidos a 16 °C.

La salsa del pollo al curry tiene tanta fuerza que siempre puede con el cuerpo del vino, por lo que se puede recurrir a una sidra o, para contrastar, a un blanco suave tipo albariño servido a 8 °C.

El pato a la naranja marida bien con grandes reservas (Campo de Borja, Ribera del Duero o Rioja), servidos a 18 °C.

Un tinto ligero del Penedès o un rosado seco del Ampurdán-Costa Brava servidos a 17-18 °C acompañan bien la ternera con calabacines.

Las paletillas de ternasco pueden combinarse con vinos tintos con cuerpo, como los de Cariñena o Jumilla, servidos a 18 °C.

Las brochetas de cordero se complementan bien con tintos jóvenes, por ejemplo, los del Ampurdán-Costa Brava o la Ribera del Duero, servidos a 16 °C.

El pavo pide tintos de reserva (Rioja, Ribera del Duero, etc.), a 18 °C.

Para acompañar el solomillo de cerdo son ideales los tintos con cuerpo servidos a 18 °C (por ejemplo, los del Campo de Borja o Almansa).

Las codornices con arroz piden un tinto con cuerpo perfumado, seco y armónico, servido a 18 °C (por ejemplo, La Mancha o Rioja).

El jabalí con salsa de castañas necesita un tinto aterciopelado y fuerte, como los de Benissalem o La Rioja, servidos a 18 °C. Si se trata de jabalí asado va bien un tinto añejo servido a la misma temperatura (Ribera del Duero, Rioja, etc.).

VINOS PARA CARNES BLANCAS Y AVES

Blancos secos
Rosados
Tintos ligeros
Tintos de calidad
Espumosos

VINOS PARA CARNES ROJAS

Tintos ligeros
Tintos con cuerpo
Cavas

VINOS PARA CAZA

Tintos con cuerpo

Pescados y mariscos

Como se ha indicado en varias ocasiones, es costumbre acompañar el pescado con un vino blanco. Se trata de una asociación tradicional que se basa en el hecho de que el pescado puede hacer que el vino tinto adquiera un sabor metálico. En contrapartida, la acidez fresca de los blancos neutraliza la alcalinidad de los pescados.

> **EL COLOR EN EL MARIDAJE**
>
> Es costumbre generalizada asociar vinos y comidas según su color. Por ejemplo, los vinos blancos acompañan el pescado y la carne blanca; los vinos tintos, las carnes rojas, y los vinos dulces, los pasteles. Sin embargo, se trata de un hábito, no de una regla inflexible.

En España se elaboran muchas variedades de vino blanco, secos, semisecos, abocados, suaves, etc., que pueden combinar muy bien con el pescado, excepto en el caso de los vinos blancos dulces y licorosos, que sólo maridan con el pescado en raras ocasiones.

Los pescados blancos poco condimentados (cocidos, a la plancha, a la barbacoa) armonizan perfectamente con blancos ligeros, como los del Penedès, Rioja, La Mancha y Valdepeñas o el chacolí, mientras que los pescados azules (sardina, bonito, atún, jurel) se asocian con los vinos rosados (por ejemplo, los de Navarra, Valencia, Rioja o Ribera del Duero).

Los pescados fuertemente condimentados o marinados requieren blancos criados en madera (Penedès, Navarra, Somontano, Rioja, Costers del Segre).

Los finos y manzanillas (Jerez, Montilla-Moriles) son un buen acompañamiento para las frituras de pescados, las gambas y los langostinos cocidos y las salazones de pescado.

Como se ha dicho anteriormente, la regla de las reglas puede presentar ciertas excepciones. No hay que renunciar a acompañar el pescado con vinos tintos o rosados. Así, los pescados con mucho sabor, como el rodaballo, el salmón, el pez espada o el atún, pueden acompañarse de tintos y rosados secos. Dentro de

ciertas gastronomías populares se encuentran ejemplos representativos: el pescado frito o las truchas con jamón requieren vinos rotundos ligeramente envejecidos y con sabor a roble, como un tinto de Badajoz, del Campo de Borja, Somontano, Ribera del Duero, Jumilla o Rioja. La caldereta, una de las especialidades del litoral mediterráneo, se degusta mejor si se acompaña de un buen tinto de Alicante, Alella, Ampurdán-Costa Brava o un Rioja.

Las salsas que acompañan los platos de pescado determinan también el tipo de vino que se debe tomar. Así, por ejemplo, la mayonesa u otra salsa ligera se asocia con vinos blancos jóvenes, secos, de poca graduación alcohólica y moderadamente perfumados.

Los pescados con salsa de vino deben servirse con el mismo caldo, aunque se trate de un tinto. Como excepción encontramos los vinos tintos que complementan los pescados grasos que han sido cocinados con vino blanco, como las anguilas.

En general, para todos los mariscos se puede recurrir a vinos blancos perfumados de cuerpo o rosados de carácter, y para las ostras, a vinos secos y cavas.

Normalmente, los vinos de más calidad, que ofrecen una gran gama de sabores delicados, suelen presentarse para acompañar estos alimentos. Sólo los mejores vinos blancos deben acompañar a langostas, ostras, centollos u otros frutos del mar del mismo estilo.

Los dátiles marinos, los mejillones, las vieiras y las cigalas requieren un vino blanco de clase, lo que no significa que sea de alta graduación alcohólica, sino equilibrado.

Los crustáceos y mariscos cocidos combinan bien con un blanco ligeramente abocado o aromático, mientras que si se sirven con salsa resultará más adecuado un blanco aromático más robusto; si se cocinan a la parrilla, irá mejor un blanco con cuerpo, y si están fuertemente condimentados, blancos criados en madera.

GRADUACIÓN DE LOS VINOS DE CALIDAD

Un vino blanco de calidad no se situará nunca por encima de los 11°, ni un buen tinto tendrá más de 13°.

Pescados y mariscos

Por último, cabe señalar que los espumosos (champán y cava) consiguen una armonía perfecta con todo tipo de pescados y mariscos.

Combinaciones

El lenguado con salsa de almendra puede acompañarse de un cava brut servido a 3-6 °C, un blanco ligero y seco del Penedès, a 6 °C, o un jerez fino, a 9 °C.

Los medallones de rape flambeados al whisky se complementan con un blanco robusto de La Rioja o de Valdeorras, servidos a 10 °C, o un amontillado de Montilla-Moriles, a 9 °C.

Los calamares rellenos requieren un blanco seco de La Rioja o uno robusto de Terra Alta, servidos a 10 °C, pero también puede combinar bien un rosado ligero de Navarra servido a 13 °C.

La bullabesa de pescado requiere un vino tinto (por ejemplo, uno algo envejecido de La Rioja o uno del Ampurdán-Costa Brava, ambos servidos a 16 °C).

Para acompañar una zarzuela de pescado y marisco no hay nada mejor que un blanco del Penedès, de Alella o de la Conca de Barberà, servidos a 10 °C.

Un blanco de Terra Alta o un rosado del Ampurdán-Costa Brava o de la Conca de Barberà, servidos a 13 °C, marinan bien con el bacalao con tomate y cebolla.

La dorada al horno necesita blancos secos y robustos, como los de Alella, Camp de Tarragona o La Rioja, servidos a 10 °C.

Los langostinos al curry pueden acompañarse de un blanco suave de la Rioja servido a 10 °C. Si se cocinan con verduras, resultará muy apropiado un blanco suave y ligero de La Mancha servido a 8 °C.

El cangrejo con mayonesa requiere un blanco seco de Rueda servido a 10 °C, y las pulpas de cangrejo al queso, un blanco afrutado de Valencia, un albariño o un blanco suave del Penedès servidos a 7-8 °C.

La langosta guisada con tomate pide un blanco robusto y aromático servido a 11 °C, como los de Rueda o Alicante.

VINOS PARA PESCADOS

Blancos secos

Blancos melosos

Rosados secos

Tintos ligeros

Cavas

VINOS PARA MARISCOS

Blancos secos

Blancos melosos

Rosados secos

Cavas

Quesos

La combinación entre quesos y vinos es especialmente delicada, porque existen muchos vinos y variadísimos quesos, y no todos armonizan perfectamente con todos.

CLASIFICACIÓN DE LOS QUESOS

Los quesos, según la cantidad de materia grasa que contienen, se clasifican en:

— doble grasos (más de un 60 %);
— extragrasos (45 %);
— grasos (40 %);
— semigrasos (20-40 %);
— magros (menos del 20 %).

En primer lugar, conviene saber de dónde provienen los quesos para aplicar el criterio regional en la elección del vino que los puede acompañar, ya que muchos vinos encuentran su pareja ideal en los quesos de su procedencia. Ejemplos claros son los quesos y vinos manchegos, los quesos castellanos que combinan perfectamente con los vinos de Rueda o de Ribera del Duero, el queso Roncal que se puede acompañar perfectamente por un tinto de Navarra de la Ribera Baja, o el queso de Idiazábal, que requiere un vino joven de la Rioja Alavesa o un chacolí.

TABLA DE QUESOS

Ante una tabla de quesos variados puede plantearse el problema de qué vino elegir como acompañamiento; la solución está en no juntar quesos muy diversos y evitar pasar, por ejemplo, de un queso blando a un gorgonzola picante.

Para conseguir maridajes acertados, es necesario tener presentes las siguientes orientaciones:

— los vinos blancos armonizan mejor con el queso que los tintos;
— los rosados combinan muy bien con quesos de pasta blanda o frescos;
— los vinos con una crianza seria, técnicos y fuertes, entonan con quesos ahumados y aromáticos;
— los espumosos (cava y champán) acompañan bien a los quesos de corteza enmohecida y de pasta blanda;
— los vinos dulces armonizan con pocos quesos, pero resultan buenos acompañantes de los quesos azules;
— los vinos tintos de las mejores añadas y los grandes champanes o cavas bruts se reservan para los quesos azules fuertes o fermentados.

Si el queso es de textura blanda o tiene un sabor ligeramente dulce, como el queso fresco de Burgos o la mozzarella, requiere un vino blanco más bien suave, de graduación alcohólica moderada, capaz de acariciar el paladar (como un blanco del Penedès servido a 7 °C).

Con los quesos de textura blanda pero de más sabor, que pueden considerarse grasos porque presentan alrededor de un 50 % de materia grasa y que, además, tienden a lo picante, hay que elegir un vino blanco con carácter y cuerpo, como un Rioja de crianza, Alella, La Mancha, Rueda o Valdepeñas. Y el

QUESOS

campo de posibilidades se extiende a los vinos rosados y a los tintos jóvenes, según lo picante y lo blando que sea el queso.

Los quesos azules pueden acompañarse de un moscatel dulce de Valencia servido a 10 °C o de un Montilla-Moriles amontillado servido a 16 °C.

DULCE Y PICANTE

La combinación entre vinos licorosos dulces y quesos de sabor picante produce un efecto similar a la unión entre lo dulce y lo salado en la cocina.

VINOS PARA QUESOS

Quesos frescos: vinos blancos y rosados dulces.
Quesos semiduros: vinos blancos, tintos ligeros, secos y afrutados.
Quesos azules: tintos jóvenes, pedro ximénez y moscatel.
Quesos duros: tintos con cuerpo.

Combinaciones

El cebreiro (queso extragraso de pasta firme) combina bien con los tintos, como un Condado do Tea de Rías Baixas, servido a 16 °C.

El queso de Alicante (fresco, semigraso, con delicado sabor a leche fresca) requiere blancos suaves (Penedès o Valencia, por ejemplo), servidos a 12 °C.

El cabrales o picón (semiduro, graso, de fuerte de olor y sabor) puede acompañarse de un tinto generoso y bien envejecido, como un Rioja de crianza servido a 17 °C o un tinto de La Mancha de crianza servido a 16 °C.

El queso de Idiazábal (extragraso, de pasta dura y sabor ahumado) pide tintos con cuerpo y de crianza, como los de Navarra Baja o La Rioja Alavesa, servidos a 16 °C.

El queso de Roncal (graso, de sabor ligeramente picante) combina bien con un tinto con cuerpo de Navarra Baja, un tinto Reserva de La Rioja o un tinto Reserva de la Ribera del Duero servidos a 18 °C.

El queso manchego viejo (extragraso, de pasta consistente y sabor fuerte) se puede acompañar de un tinto de crianza de La Mancha servido a 18 °C, o de un tinto de La Rioja de crianza a 13 °C.

A CADA PLATO SU VINO

TABLA DE COMBINACIONES ENTRE QUESOS Y VINOS EXTRANJEROS

Queso	Vino
Brie	Tinto y blanco con cuerpo, blanco semiseco y dulce, champán, Oporto
Camembert	Tinto con cuerpo, blanco frutoso, champán, Chardonnay
Cheddar fuerte	Tinto ligero y con cuerpo, champán, Chardonnay
Cheddar suave	Tinto con cuerpo y frutoso
Chevres	Tinto ligero y frutoso, vino blanco y champán
Colby	Sauvignon Blanc, champán fuerte, Pouilly-Fumé
Edam	Champán, oporto
Emmental	Tinto, rosado frutoso, blanco semiseco y ligero, champán
Feta	Tinto ligero y blanco frutoso
Fontina	Tinto ligero y blanco frutoso
Gruyere, gorgonzola	Pinot Noir
Havarti	Blanco semidulce, vino ligero, Pinot Noir
Munster	Tinto y blanco seco
Regiano	Tinto, blanco, Pinot Noir
Roquefort	Tinto seco, Chianti

Postres

Uno de los vinos más adecuados para los postres es el moscatel, siempre que no haya sido elaborado añadiendo artificialmente azúcar (en estos casos adquiere un sabor dulce empalagoso que disgusta al paladar). En España hay muchos moscateles de calidad, como los de Sitges, Jerez, Málaga y Valencia. El moscatel, de graduación alcohólica moderada, acompaña muy bien la pastelería tradicional; sin embargo, con otro tipo de postres más elaborados, se aconseja recurrir a los vinos licorosos, cuya graduación es más elevada.

> **DULCES**
>
> No es estrictamente necesario acompañar los dulces con vinos igualmente dulces, porque una acumulación de dicho sabor puede resultar muy empalagosa y llega a perjudicar la digestión.

Con las frutas confitadas, el marron glacé o los dulces de pasta de almendra se recomienda presentar un vino licoroso o generoso seco (tipo málaga), oloroso (pedro ximénez) o tarragona clásico.

El vino es un buen acompañante de la fruta, especialmente cuando esta es carnosa (peras o melocotones); de ahí surgen postres tan excelentes como las peras al vino.

Los frutos secos exigen un vino de postre tipo moscatel, garnacha o mistela. Sin embargo, hay frutas que no combinan bien con el vino; es el caso de las naranjas, las mandarinas o los pomelos. Paradójicamente, el vino tampoco liga con las uvas, a no ser que sean muy dulces. Con las frutas exóticas, los blancos dulces suaves armonizan perfectamente.

Los vinos para postres no tienen que ser exclusivamente blancos; para las peras, por ejemplo, aunque un blanco combina bien, resulta mucho mejor un tinto de Valencia o un vino generoso tinto y envejecido del Priorato. Asimismo, con los frutos secos son preferibles los vinos de color oscuro.

Hay postres muy difíciles de combinar con el vino, como los que tienen el chocolate como principal ingrediente, las tartas de café, los postres con cítricos o los dulces «emborrachados».

Así pues, para el chocolate, si es puro o se trata de trufas, habrá que renunciar a acompañarlo de un vino y tomarlo con agua o algún licor (un coñac, un brandy envejecido o un whisky). Pero si se trata de una mousse, un vino dulce o un moscatel semidulce fresquito constituyen un perfecto acompañamiento.

Combinaciones

La crema catalana puede acompañarse de un vino generoso seco o dulce del Priorato, un Tarragona Clásico, mistela de Terra Alta o malvasía de Sitges, servidos a 16 °C.

Los panellets combinan bien con mistela de Terra Alta, a 16 °C.

Para las castañas asadas, el mejor acompañamiento es un moscatel de Sitges servido a 16 °C.

Un postre de higos necesita un vino oloroso dulce de Jerez, servido a 16 °C.

La tarta de queso con frambuesas combina bien con un moscatel servido a 16 °C (Valencia, Sitges…).

La tarta de manzana y nueces requiere un licoroso dulce, como por ejemplo uno de Cariñena servido a 6 °C.

Un granizado de limón al cava debe servirse con un cava semiseco a 6 °C.

Los buñuelos con canela pueden acompañarse de garnacha del Ampurdán-Costa Brava o moscatel de Sitges servidos a 16 °C.

Un moscatel de Valencia servido a 16 °C combina a la perfección con las peras a la crema. Si en lugar de peras se trata de kiwis, es posible recurrir a un cava semiseco servido a 6 °C o un blanco suave, como un Marqués de Alella, servido a 10 °C.

Por último, el helado de jengibre y fresa combina bien con moscatel de Valencia o malvasía de Sitges servidos a 16 °C.

ANEXOS

Calificación de las añadas de los vinos españoles

	83	84	85	86	87	88	89	90	91	92	93	94	95	96	97	98	99	00	01	02
Abona	–	–	–	–	–	–	–	–	–	–	–	–	b	b	b	b	–	–	–	–
Alella	e	b	b	b	b	b	mb	mb	e	b	e	mb	mb	mb	e	e	mb	e	e	–
Alicante	r	r	b	r	mb	b	b	mb	b	b	b	b	b	b	b	mb	mb	mb	–	–
Almansa	b	b	mb	b	b	b	b	e	b	b	mb	mb	mb	mb	b	mb	b	b	–	–
Ampurdán–Costa Brava	mb	b	mb	mb	mb	b	mb	b	mb	b	mb	b	mb	mb	r	e	mb	mb	mb	–
Benissalem–Mallorca	–	–	–	–	–	–	–	mb	b	b	b	e	mb	b	mb	e	mb	mb	–	–
El Bierzo	–	–	–	–	e	mb	mb	mb	mb	mb	d	mb	b	mb	b	b	b	mb	–	–
Bullas	–	–	–	–	–	–	–	–	–	–	–	mb	b	mb	e	mb	mb	–	–	–
Calatayud	–	–	–	–	e	r	b	mb	b	b	mb	mb	b	mb	r	b	b	mb	–	–
Campo de Borja	r	b	mb	b	b	b	mb	b	mb	mb	b	b	b	b	b	–	b	e	–	–
Cariñena	b	mb	e	r	mb	mb	b	mb	mb	mb	b	b	mb	b	r	e	mb	b	–	–
Cava	e	mb	b	b	mb	mb	b	b	mb	b	mb	b	mb	b	b	mb	mb	e	–	–
Cigales	–	–	mb	b	b	b	mb	b	b	b	b	b	b	b	b	mb	mb	mb	mb	–
Conca de Barberà	b	b	–	b	b	b	b	b	b	mb	r	b	mb	b	mb	b	mb	–	–	–
Condado de Huelva	–	–	–	–	–	b	b	b	b	b	mb	r	b	b	b	b	mb	e	mb	–
Costers del Segre	–	–	–	r	b	mb	mb	b	mb	b	e	mb	e	mb	mb	mb	mb	mb	mb	–
El Hierro	–	–	–	–	–	–	–	–	–	–	–	–	b	–	–	b	mb	mb	b	–
Jumilla	b	b	b	r	mb	b	b	mb	mb	b	mb	mb	b	mb	b	e	mb	mb	–	–
Lanzarote	–	–	–	–	–	–	–	–	–	mb	mb	mb	mb	–	e	mb	mb	–	–	–
Málaga	–	–	–	–	–	–	–	–	–	–	–	–	–	–	b	–	b	–	–	–
La Mancha	b	mb	b	b	mb	b	mb	b	b	mb	e	mb	b	mb	mb	e	mb	mb	mb	–

(continúa)

A CADA PLATO SU VINO

	83	84	85	86	87	88	89	90	91	92	93	94	95	96	97	98	99	00	01	02
Méntrida	b	e	b	b	b	e	b	b	b	b	b	b	b	b	b	b	b	mb	mb	mb	–
Mondéjar	–	–	–	–	–	–	–	–	–	–	–	–	–	b	b	b	b	e	mb
Monterrei	–	–	–	–	–	–	–	–	–	–	–	–	–	–	–	e	e	mb	mb	e
Montilla-Moriles	–	–	–	–	–	b	mb	e	b	b	b	mb	r	b	b	e	e	e	b	–
Navarra	mb	mb	b	b	b	–	mb	b	b	b	mb	mb	e	mb	b	mb	mb	mb	–	–
La Palma	–	–	–	–	–	–	–	–	–	–	b	mb	mb	b	b	b	b	b	–	–
Penedès	b	mb	e	r	b	mb	mb	mb	b	mb	mb	mb	mb	mb	e	mb	mb	mb	–	–
Plà de Bagès	–	–	–	–	–	–	–	–	–	–	–	–	–	–	mb	e	mb	e	mb	–
Priorato	b	b	mb	b	b	b	b	b	b	mb	e	mb	e	e	b	e	mb	b	e	–
Rías Baixas	–	–	–	–	b	mb	e	mb	b	b	b	b	b	mb	mb	mb	b	b	b	–
Ribeira Sacra	–	–	–	–	–	–	–	–	–	–	–	–	–	b	mb	mb	mb	e	–	–
Ribera del Duero	mb	r	mb	e	b	b	e	b	mb	b	r	mb	e	e	b	mb	e	mb	e	–
Ribera del Guadiana	–	–	–	–	–	–	–	–	–	–	–	–	–	–	–	–	b	mb	mb	–
Rioja	b	r	b	b	mb	b	b	b	mb	b	b	b	e	e	mb	b	mb	b	b	–
Rueda	b	b	b	mb	b	b	b	b	b	mb	b	mb	mb	mb	mb	b	–	–	–	–
Somontano	mb	r	e	b	mb	e	mb	b	mb	mb	e	e	e	mb	b	e	mb	b	e	–
Tacoronte-Acentejo	–	–	–	–	–	–	–	b	mb	b	b	mb	b	mb	b	mb	mb	r	mb	–
Tarragona	b	b	b	b	b	mb	b	b	b	b	b	b	b	b	mb	b	mb	mb	mb	–
Terra Alta	–	–	–	–	e	mb	b	mb	mb	–	mb	mb	e	mb	e	mb	e	–	–	–
Toro	b	b	b	b	b	b	e	e	e	e	mb	mb	mb	mb	b	mb	e	mb	–	–
Txacolí de Bizkaia	–	–	–	–	–	–	–	–	–	–	–	–	b	b	b	–	mb	b	–	–
Txacolí de Getaria	–	–	–	–	–	–	–	b	b	b	r	b	b	b	b	–	b	mb	–	–
Uriel-Requena	–	b	b	r	mb	b	r	b	b	mb	e	mb	b	mb	b	mb	mb	mb	e	–
Valdeorras	–	–	–	–	–	b	b	b	mb	b	r	mb	b	b	e	b	mb	mb	–	–
Valdepeñas	mb	e	r	b	mb	mb	e	mb	mb	b	e	b	mb	mb	b	mb	b	mb	–	–
Valencia	mb	b	b	b	mb	r	r	b	b	b	mb	mb	b	mb	b	mb	mb	e	mb	–
Valle de Güimar	–	–	–	–	–	–	–	–	–	–	–	–	–	–	b	b	b	b	–	–
Valle de La Orotava	–	–	–	–	–	–	–	–	–	–	–	b	b	mb	mb	b	b	b	–	–
Vinos de Madrid	–	–	–	–	mb	r	b	b	b	b	mb	mb	mb	b	mb	mb	mb	–	–	–
Ycoden-Daute-Isora	–	–	–	–	–	–	–	–	–	b	b	b	b	b	b	mb	b	–	–	–
Yecla	–	–	–	–	–	–	b	b	b	b	b	mb	mb	b	mb	mb	e	–	–	–

e: excelente; *mb*: muy buena; *b*: buena; *r*: regular; *d*: deficiente.

OSTRAS A LA MORNAY

20-24 ostras - 2 dl de salsa bechamel - 1 yema de huevo - 30 g de queso suizo rallado - sal - pimienta

Se hierven las ostras, se retiran de la concha y se reservan (habrá que conservar 8 conchas); se mezcla un poco de agua de cocción con la salsa bechamel. A continuación, se añade a esta salsa una yema de huevo y la mayor parte del queso; se salpimenta. Seguidamente, se pone dentro de cada concha una cucharada de salsa, así como 3 ostras cubiertas a su vez con salsa; se esparce el queso rallado por encima y se gratinan en el horno. Se sirven muy calientes.

LANGOSTINOS CON CALDO

1 kg de langostinos - 1 botella de vino blanco - 1 cebolla - 1 guindilla - 1 diente de ajo - 4 zanahorias - 2 puerros - 1 rama de apio - sal - pimienta - 1 ramillete aromático

En una cacerola, se vierte el vino y se añade el ramillete aromático, una cebolla cortada en tiras finas, la guindilla, el ajo, sal y pimienta y 1,5 l de agua. Se deja que hierva todo durante 30 minutos, con la cacerola tapada; al finalizar la cocción, se cuela el caldo y se vuelve a poner en la cazuela. Se incorporan los puerros cortados en rodajas, las zanahorias y el apio (en tiras finas). Se deja cocer 10 minutos más, y transcurrido este tiempo se incorporan los langostinos y se deja que se hagan durante 5 minutos a fuego lento. Se sirven los langostinos en su salsa y con la picada de verduras.

PESCADO AL CURRY CON PIÑA

800 g de pez espada - 2 piñas pequeñas - 6 cebolletas - 20 g de mantequilla - 1 cucharada de aceite - 1 guindilla - 2 cucharadas de curry - 1 cucharada de comino en polvo - 2 cucharadas de zumo de lima - 300 g de nata - 125 g de almendras cortadas y tostadas - sal - pimienta

Se cortan las piñas por la mitad, en sentido longitudinal; se extrae la pulpa y se trocea (deben conservarse las cortezas). A continuación, se trocea el pescado y las cebolletas. En una sartén con la mantequilla y el aceite, se fríen las cebolletas; se incorpora la guindilla (también en trocitos), el curry y el comino. Al cabo de 1 minuto, se incorpora el pescado, se baña con el zumo de lima y se prosigue la cocción 5 minutos más a fuego lento. Se añade la nata, se lleva a ebullición y se deja otros 5 minutos. Finalmente, se agregan a la sartén los trozos de piña y la mitad de las almendras, y se salpimenta. Se rellenan las cáscaras de piña con el contenido de la sartén, y se sirven adornadas con el resto de las almendras.

CREPES DE CHOCOLATE Y MERMELADA

30 g de mantequilla - 100 g de harina - 125 ml de leche - 2 huevos - sal - mantequilla para untar la sartén - 3 tarrinas de mousse de chocolate - 1 bote de mermelada de fresa

Se funde la mantequilla, y se pone en el recipiente de la batidora junto con la leche, la harina y los huevos; se sazona y se bate bien; se deja reposar esta mezcla durante unos minutos. A continuación, se pone una sartén al fuego, se unta con mantequilla y se vierte una porción de la masa en el centro; se mueve la sartén para que la masa cubra todo el fondo, se espera que cuaje, se le da la vuelta y se deja que se haga por el otro lado. Se repite la operación hasta terminar la masa. Se van colocando los crepes en una fuente, superpuestos y cubiertos con la mousse de chocolate. Finalmente, sobre el último crepe se extiende una capa gruesa de mermelada.

Resumen de combinaciones

	Blancos jóvenes	Blancos crianza dulces	Blancos crianza secos	Rosados	Tintos ligeros	Tintos con cuerpo	Claretes	Cavas	Vinos dulces	Vinos secos
Aperitivos	■	No	No	No	No	No	No	■	No	■
Sopas y cremas	■	No	No	No	No	No	No	■	No	■
Legumbres y guisados	No	No	No	No	■	No	No	■	No	No
Verduras	No	No	No	No	■	No	■	■	No	No
Huevos	No	No	No	■	No	No	■	■	No	No
Pasta	No	No	No	■	■	No	No	■	No	No
Arroz	No	No	■	No	No	No	No	■	No	No
Embutidos	No	No	■	■	No	No	No	■	No	No
Foie-gras	No	■	No	No	■	No	No	■	No	No
Pescado azul y marisco	■	No	■	No	No	No	No	■	No	No
Pescado con salsa	No	No	■	No	No	No	No	■	No	No
Carnes rojas	No	No	No	No	■	■	No	■	No	No
Carnes blancas	No	No	■	No	■	■	No	■	No	No
Aves	No	No	■	No	■	■	No	■	No	No
Caza	No	No	No	No	■	■	No	■	No	No
Caza con salsa	No	No	No	No	No	■	No	■	No	No
Quesos frescos	■	No	No	No	No	No	No	■	No	No
Quesos tiernos	No	No	No	No	■	No	No	■	No	No
Quesos de cabra	No	No	■	No	No	No	No	■	No	■
Quesos muy fuertes	No	No	No	No	No	■	No	■	No	No
Quesos duros	No	No	■	No	■	No	No	■	No	No
Dulces y fruta	No	No	No	No	No	No	No	■	■	■

Direcciones de interés en internet

• **http://www.filewine.es/frdir.htm**
En este directorio se pueden obtener las direcciones de numerosas bodegas españolas.

• **Ibergourmet**
www.ibergourmet.com

• **Vinateca**
www.vilaviniteca.es
Completísima tienda virtual donde es posible comprar una enorme variedad de vinos y champanes. Dispone de club.

• **Televino**
www.televino.com
Exclusivamente dedicada a vinos de La Rioja, es una web sencilla pero efectiva. Atienden en 13 idiomas diferentes y envían en 72 horas.

• **Lavinia tienda** *on-line*
www.lavinia.es
Oferta numerosos vinos y destilados; dispone de un club y un magazine con artículos sobre el mundo del vino y las últimas novedades.

• **El Corte Inglés** *on-line***. El sitio de los vinos**
www.gourmet.elcorteingles.es
Realiza ofertas periódicas; el plazo de entrega es de 72 horas; incluye nota de cata y breve descripción del vino. Tiene un buscador interno que permite localizar por denominación de origen y tipo de vino, así como venta telefónica y un buscador avanzado que permite localizar mediante distintas variables (bodega, añada, tipo de uva, envejecimiento, etc.).

• Empordà Seleccions
www.seleccions.com/cgibin/2001.cgi/index.html
Se trata de un almacén de distribución de productos selectos. También incluye un apartado de vinos y espiritosos. El plazo de entrega oscila entre uno y tres días.

• Bacchanalia
www.bacchanalia.com
Se trata de una web sencilla pero elegante, que, además de vinos, también dispone de regalos originales como botelleros y barricas personalizadas en los que envejecer los caldos. Tiene teléfono de atención al cliente y club, cuyo lema es fomentar la cultura de los vinos de calidad. Su Presidente es el Sr. Carlos Falcó, Marqués de Griñón.

Glosario

Abocado: vino de sabor ligeramente dulce debido a los azúcares residuales no transformados en alcohol.

Acerbo: vino ácido, astringente y áspero. A menudo se debe a que las uvas han sido recogidas cuando todavía no estaban suficientemente maduras.

Ácido: sustancia química genérica de sabor característico, capaz de formar sales combinándose con las bases. Vino en el que predomina el sabor ácido, debido a un excesivo contenido de estas sustancias o por desequilibrio con respecto a otros sabores.

Afrutado: vino que tiene un sabor o aroma que recuerda a la fruta. Es un adjetivo que denota una buena uva.

Agresivo: vino demasiado ácido.

Agriado: vino enfermo que ha sido víctima de una bacteria, la *Myeroderma aceti*, que en contacto con el aire transforma el alcohol en vinagre. A partir de ciertas temperaturas elevadas es más fácil que se desarrollen estas bacterias.

Aguja: vino con una ligera cantidad de gas carbónico que no ha sido añadido, sino que proviene de una fermentación natural.

Alegre: vino de buen aspecto y color, equilibrado, con poca acidez y bastante alcohol y glicerina.

Amable: vino blanco con residuos de azúcares, que por ello resulta agradable. Puede ser sinónimo de *abocado*.

Amplio: vino equilibrado y de sabores bien definidos.

117

Antioxidantes celulares: sustancias que se oponen a la acción de los radicales libres (vitamina E, vitamina C, flavonoides, betacarotenos).

Antocianinas: pigmentos que comunican la coloración violeta (azul rojiza) a las uvas tintas, acumuladas en las capas superficiales de los hollejos.

Añada: año en que se elabora el vino.

Añejo: vino que ha sido criado en barricas o en botellas durante un tiempo prolongado. Normalmente se trata de vinos de calidad, con una crianza mínima de tres años.

Apagado: vino que carece de brío.

Armonioso: vino equilibrado en todos sus componentes.

Aromático: vino que proporciona un conjunto satisfactorio de sensaciones olfativas. Normalmente, se aplica este calificativo cuando esos perfumes derivan del propio aroma de la uva de que procede.

Áspero: vino con exceso de taninos que produce una sensación de aspereza en la boca.

Astringencia: grado de amargor del vino.

Aterciopelado: vino noble, suave fino a la vez. Produce una caricia al paladar.

Blanc de blancs: vinos blancos obtenidos exclusivamente con uva blanca, que resultan algo achampañados.

Brillante: vino de aspecto limpio y translúcido.

Buqué: palabra francesa que indica el aroma de un vino que aumenta durante la crianza, hasta el punto de ser posible distinguir sus diferentes edades. No hay que confundir *buqué* con *aroma*, ya que el aroma es propio de los vinos jóvenes, mientras que el buqué sólo aparece con el paso de los años.

Caliente: vino rico en alcohol y glicerina, componentes que lo hacen agradable y que producen sensación de calor.

Cápsula: cubretapón clásico de las botellas de vino.

Carácter: personalidad y características propias y distintivas de ciertos vinos.

Cava: vino espumoso natural elaborado según el método *champenoise*. El vino es sometido a una segunda fermentación en botella que origina la presencia de espuma debida, a su vez, a la presencia de gas carbónico natural.

GLOSARIO

Complejo: vino que proporciona numerosas sensaciones olfativas y gustativas, siempre armónicas.

Coupage: práctica que consiste en mezclar vinos o espiritosos para obtener una calidad homogénea año tras año, o bien para conseguir un producto final de mejor calidad de la que gozaban los elementos de la mezcla por separado. En algunos casos el *coupage* sirve para aumentar la producción, es decir, la cantidad y no la calidad de los caldos.

Criaderas: botas de crianza de los vinos generosos.

Crianza: vino sometido a un envejecimiento tradicional natural. Si este envejecimiento se efectúa en madera o en barricas de roble, suele durar como mínimo dos años. Otras veces se lleva a cabo un envejecimiento de un año en madera o en roble y de otro año en botella.

Cuerpo: vino que llena la boca gracias a su riqueza en alcohol y en valores gustativos.

Débil: vino sin carácter ni cualidades definidas.

Delicado: fino tanto de olor como de sabor, poco robusto.

Duro: vino cargado de ácido o de tanino, poco equilibrado.

Elegante: vino que presenta en armonía y con estilo sus buenas características de olor, color, sabor, graduación alcohólica, etc. Se trata de vinos bien elaborados y acabados.

Enología: ciencia que estudia la vinificación.

Enotecnia: embotellado y crianza (robles, corchos y botellas) del vino.

Equilibrado: armonioso y sin defectos.

Espumoso: vino con gas carbónico derivado de la fermentación. No hay que confundirlo con el gasificado.

Fermentación alcohólica: la que realizan varias especies de levaduras que transforman los azúcares del mosto de la uva en alcohol, anhídrido carbónico, glicerina y otro elevado número de sustancias.

Fermentación maloláctica: transformación del ácido málico en láctico por acción de ciertas bacterias. Es un proceso casi indispensable en los vinos tintos de calidad, que adquieren así suavidad.

119

Fino: de aromas y gusto sutiles y delicados.

Forrado: vino rico en glicerina, que es lo que le proporciona intensidad y fortaleza.

Fragante: de olor y sabor que se advierten fácilmente y recuerdan a las flores, frutas o hierbas aromáticas.

Franco: vino del que se aprecia su sabor y cualidad, de entrada. Proporciona una sensación agradable, bien marcada y sin el más leve regusto.

Fresco: proporciona frescor al paladar. Suele tratarse de vinos blancos equilibrados en acidez y alcohol, que prefieren ser servidos fríos para resaltar mejor sus cualidades.

Fuerte: vino con alta graduación alcohólica, con cuerpo.

Gasificado: vino espumoso que se ha obtenido mediante la adición artificial de gas carbónico.

Generosos: vinos ricos en alcohol, que pueden llegar hasta los 23°. También suelen ser ricos en azúcar. A este tipo pertenecen las mistelas, moscateles, garnachas, rancios y malvasías, entre otros.

Glicerina: alcohol que aparece durante la fase intermedia de la fermentación alcohólica, estableciéndose su contenido normal entre 6-8 gramos por litro. Parte del componente dulce de los vinos secos es debido a la glicerina.

Gran reserva: vinos de calidad que han sido criados durante un mínimo de 24 meses en barricas de roble más un mínimo de 36 meses en botella en el caso de los tintos y claretes. Los blancos y rosados deben permanecer un mínimo de 6 meses en barricas de roble y otros 6 en botella hasta cumplir un total de 48 meses de crianza.

Graso: vino con mucha glicerina, lo que le confiere un tacto untuoso.

Incisivo: con exceso de acidez.

Joven: vino sin envejecer, de uno a dos años solamente. Normalmente se dice de aquellos vinos que deben consumirse jóvenes porque han desarrollado pronto sus buenas cualidades sin que estas mejoren al envejecer.

Lágrima: vinos obtenidos sin prensado mecánico del mosto.

Ligero: vino de poca graduación alcohólica y de poco extracto.

GLOSARIO

Limpidez: suele exigirse en los vinos porque resulta muy agradable observar la transparencia y brillo de un vino sin que haya partículas flotantes. Para ello se dejan sedimentar los depósitos en suspensión y después se decantan, filtran o trasiegan los vinos con cuidado.

Lleno: vino con mucho cuerpo.

Madre: depósito que se forma en el fondo de los toneles y que el viticultor separa por medio de transvases. Está formada por las heces del mosto, impurezas procedentes de la uva y por células de la levadura.

Meloso: vino suave y agradable.

Mórbido: vino delicioso que al ser degustado acaricia el paladar.

Mosto: líquido resultante del pisado o prensado de las uvas frescas mientras no se haya iniciado el proceso de fermentación. Es un líquido que no contiene alcohol, que es espeso y que está compuesto por un 80 % de agua, un 15-20 % de azúcares y ácidos libres. La acidez puede variar entre 0,4 y 1,5 gramos por litro. Se llama *mosto de prensa* al zumo que rezuma del prensado de la uva, de la que ya se ha separado el lágrima o mosto, que se ha escurrido sin ninguna presión. Los mostos de prensa suelen ser más ricos en tanino.

Nervioso: vino punzante que contiene acidez, la cual, dentro de unos límites puede ser agradable y acentuar las sensaciones que proporciona el vino.

Neutro: sin aroma ni sabor característico.

Pasto, vino de: vinos de la tierra, vinos a granel.

Pastoso: vino blanco cuyo dulzor está comprendido entre el licoroso y el seco. Contiene 6-15 gramos de glucosa.

Persistente: vino que conserva sus propiedades gustativas y aromáticas durante un breve tiempo después de degustado. La duración es un dato que indica la calidad del vino.

Pesado: vino con demasiado alcohol y tanino, que pesa al paladar. Es lo contrario de un vino equilibrado.

Picado: vino avinagrado, agriado.

Polifenoles: sustancias contenidas en el vino que contrarrestan la acción de los radicales libres formados en las células del organismo.

Radicales libres: sustancias producidas en el organismo, derivadas del oxígeno y causantes del envejecimiento de las células.

Rancio: vino oxidado, licoroso y seco. En los vinos rancios se han formado durante la oxidación del alcohol aldehídos y ácidos orgánicos que, al reaccionar con el alcohol, producen ésteres que le proporcionan un buqué especial.

Raza: vino de elegancia y marcada personalidad, que demuestra las características de su linaje, de su pura cepa cultivada en el solar de origen. Suele tratarse de vinos que constituyen grandes modelos.

Recio: vino con cuerpo.

Redondo: vino que tiene cuerpo, al mismo tiempo que resulta suave al paladar y es equilibrado y armónico.

Regusto: sabor especial que queda en el paladar después de haber sido tragado el vino.

Reserva: vinos de calidad que han sido sometidos a una crianza que en los tintos y claretes es de un mínimo de 12 meses en barrica de roble, más otros tantos en botella hasta alcanzar un total de 36 meses. Se empieza a contar a partir del 1 de enero siguiente una vez finalizada la elaboración del vino. Los blancos y rosados deben permanecer un mínimo de 6 meses en barricas de roble, más otros tantos en botella hasta cumplir los 24 meses de crianza.

Seco: vino con pocos azúcares residuales que no se aprecian durante la degustación. Por ejemplo, un cava seco contiene de 0 a 30 gramos de azúcar por litro.

Sedoso: vino de gran suavidad en el paso de boca.

Sofisticado: vino que presenta aromas que no son propios de su uva de origen, que parece que le resultan ajenos.

Suave: vino sedoso, de tacto agradable al paladar.

Tánico: vino con demasiado tanino.

Tanino: uno de los principales componentes del vino que proviene de la piel y de las pepitas de las uvas disueltas en el líquido durante su fermentación. El tanino proporciona carácter y vida al vino. Sin embargo, en exceso le confiere un sabor áspero.

Teja: vinos que con el tiempo han adquirido este color debido al envejecimiento.

Trasiego: operación que consiste en extraer del vino las heces del mosto que se depositan en el fondo, ya sea mediante una bomba, ya sea dejándolo fluir fuera del tonel. Deben efectuarse varios trasiegos antes de que se inicie el envejecimiento del vino.

GLOSARIO

Turbio: vino mal filtrado. Lo contrario de transparente, límpido y brillante.

Varietal: vino con aromas que recuerdan a la cepa de origen. Relativo a una variedad de uva o derivado de esta.

Vigoroso: vino con cuerpo.

Vinificación: fermentación del mosto de la uva o transformación del zumo de esta en vino.

Vinoso: vino con una alta graduación alcohólica, de perfume y sabor a vino marcados.

Viril: vino recio, lleno de fuerza y carácter propios.

Impreso en España por:
HUROPE, S. L.
Lima, 3 bis
08030 Barcelona